Meinem Mann
Meinen Kindern
Meinen Enkeln

Lektoratsleituug
Suzanne Tise-Isoré
Style & Design Collection

Grafische Gestaltung
Bernard Lagacé

Lektoratsassistenz
Delphine Montagne
Emmanuelle Romeyer

Koordination
AIO Buch und Bücher,
Dr. Günther Fetzer, München

Lektorat
Maria Müller

Herstellung
Corinne Trovarelli

Lithografie
IGS

Druck
Imago, Malaysia

Fotografie
Thomas Dhellemmes

Dekoration
Véronique Villaret

Food-Styling
Delphine de Montalier

Fotoretouche
Lionel Lebrec, L'Atelier mai 98

Flammarion
87, quai Panhard et Levassor
F-75647 Paris Cedex 13
www.editions.flammarion.com

ISBN 978-2-08-020066-2
Dépôt légal: 8/2008

Printed in Malaysia by Imago

SEITE 1–3 Das Château Vaux-le-Vicomte mit seinem Park, zu dem auch die berühmte französische Gartenanlage mit ihren buchsbaumgesäumten Parterren gehört. Ursprünglich von André Le Nôtre konzipiert, wurde der Garten zwischen 1875 und 1925 wieder hergestellt.

SEITE 6–7 Das Schloss wurde von Louis Le Vau zwischen 1656 und 1661 für Nicolas Fouquet erbaut. Hier die Fassade zum Schlosshof.

CRISTINA DE VOGÜÉ

Königliche Desserts

Die besten Rezepte von Château Vaux-le-Vicomte

FOTOGRAFIE
Thomas Dhellemmes

DEKORATION UND FOOD-STYLING
Delphine de Montalier
Véronique Villaret

AUS DEM FRANZÖSISCHEN VON
Ingrid Ickler

Flammarion

Plats sucrés

Inhalt

I
Großmutters Rezepte

GEGENÜBER
Die Hefte mit den köstlichen Familienrezepten, die mir meine Schwiegermutter Nelly de Vogüé vererbt hat.

II
Meine Rezepte

III
Rezepte von Freunden

Vorwort

COMTE PATRICE DE VOGÜÉ

ETWA 40 KILOMETER SÜDLICH VON PARIS AUF HALBEM WEGE ZWISCHEN den Königsschlössern Vincennes und Fontainebleau gelegen, war Vaux-le-Vicomte eine ländliche Idylle, als es Mitte des 17. Jahrhunderts aus seinem Dornröschenschlaf gerissen wurde. Nicolas Fouquet, der Finanzminister des jungen Ludwig XIV., ließ hier ein prunkvolles Schloss errichten. Er beauftragte damit drei der bedeutendsten Künstler seiner Zeit – den Architekten Louis Le Vau, den Maler Charles Le Brun und den Gartenarchitekten André le Nôtre.

Das Resultat der sechsjährigen Bauzeit von 1656 bis 1661 übertraf Fouquets Erwartungen bei weitem – Vaux-le-Vicomte ist ein Meisterwerk barocker Baukunst, das von Historikern später „das erste Versailles“ genannt wurde. Doch die zur Schau gestellte verschwenderische Pracht rief auch Neider auf den Plan. Fouquets Rivale Colbert brachte Ludwig XIV. dazu, den talentierten Finanzminister vor ein Sondergericht zu stellen. Kurz nach der Eröffnung des Schlosses am 17. August 1661, einem der opulentesten Feste des *grand siècle*, ließ man den Minister festnehmen. Der Prozess gegen ihn dauerte drei Jahre, am Ende behielt das Gewissen der Richter die Oberhand: Obwohl der König die Todesstrafe gefordert hatte, wurde der Angeklagte zu Verbannung verurteilt. Der Sonnenkönig wandelte diese Strafe schließlich in lebenslange Haft um.

Wäre Vaux-le-Vicomte ohne Fouquet ein „überflüssiges Luxusobjekt, eine Art Museum“ gewesen, wie ein Historiker im 19. Jahrhundert schrieb? Wohl kaum, denn die Nachfolger Fouquets stellten sich der Herausforderung – erst Marschall de Villars, dann sechs Generationen des Praslin-Zweigs der Familie Choiseul und schließlich drei Generationen der Familie des Mäzens Alfred Sommier, dessen Urgroßenkel ich bin. Durch ihren Einsatz überlebte das Schloss drei Revolutionen, drei Besetzungen durch fremde Armeen sowie unzählige politische, gesellschaftliche und kulturelle Umbrüche. Dass man mit der Zeit gehen muss, war allen bewusst. Alle Neuerungen nahmen jedoch Rücksicht auf gewachsene traditionelle Werte. Jeder kann hier den Nachhall der Freunde Fouquets wie La Fontaine, die Marquise de Sévigné, Corneille oder Molière spüren.

Weiterentwicklung bedeutet immer auch Rückbesinnung. Die Rezepte in diesem Buch sind ein Beweis dafür. Sie lassen die mehr als dreihundertjährige kulinarische Tradition des Schlosses wieder aufleben und ergänzen sie durch erfrischend neue, kreative Ideen. Eine Hommage an all die großen und kleinen Feinschmecker, die einst hinter diesen Mauern lebten. Ich bin sicher, dass dieses Buch auch Kindern von heute Freude bereiten wird, denn derart königliche Desserts sind für Kinder aller Familien die Krönung einer Mahlzeit.

GEGENÜBER
Die Gartenseite des Schlosses mit der Kuppel über dem Großen Salon.

Eine Kindheit voll süßer Erinnerungen

Schon als ich in Stockholm zur Welt kam, waren süße Düfte allgegenwärtig. Mein Vater Guido Colonna war Diplomat im Dienst der italienischen Regierung. Für ihn war es selbstverständlich, dass seine Familie immer dabei war, egal, wohin ihn seine internationale Karriere führte. 1940 wurde er nach Stockholm versetzt. Nach meiner Geburt stellte er eine finnische Kinderfrau ein, die sich um mich kümmern sollte. Bis zu ihrem Tod mit neunzig blieb diese aufopferungsvolle Frau, die wir Kinder „Syster", „Schwester", nannten, im Dienst meiner Eltern. Für meine Brüder und mich erfand sie eine eigene Sprache, eine Kombination aus Finnisch, Schwedisch und Italienisch. Wir Kinder konnten uns in diesem Kauderwelsch perfekt verständigen.

Meine Kindheit war geprägt von Offenheit gegenüber allen europäischen Kulturen, nicht zuletzt gefördert durch meine Mutter, die vier Sprachen perfekt beherrschte. Sie war die Tochter der russischen Prinzessin Maria Alexandrowna Lieven und des französischen Geigers und Komponisten Jules Conus. Der Musiker hatte seine Frau nach Moskau entführt und damit für einen Aufsehen erregenden Skandal gesorgt. Nach der Oktoberrevolution gelang es meiner Großmutter, sich mit ihren beiden Töchtern nach Paris durchzuschlagen. Jules Conus folgte ihr kurze Zeit später. Als ihr Vermögen aufgebraucht war, schlug sich meine Großmutter als Erste als Taxifahrerin durch. Geld hatte sie zwar keines mehr, aber ihr Charme machte sie zu einer der schillerndsten Persönlichkeiten im Paris der 1920-er Jahre – einsachtzig groß, immer eine Baskenmütze auf dem Kopf und eine Zigarette im Mundwinkel. Für das Kochen allerdings hatte sie keinen Sinn. Am Herd konnte meine Mutter von ihr nichts lernen. Glücklicherweise war Syster eine äußerst talentierte und einfallsreiche Köchin. Sie hatte keine besondere Ausbildung und kochte meist ohne Rezept, einfach nach Gefühl. Obwohl wir überall, wo mein Vater als Diplomat tätig war, hervorragende Küchenchefs hatten, ging für uns nichts über Systers Kochkünste – ihre Salatsaucen, ihr Brathähnchen, ihr Roastbeef – und vor allem ihre Kuchen und Torten! Der Duft von Systers gerade aus dem Ofen kommenden Gebäck begleitete mich mein ganzes Leben. Dieser Duft ist für mich der Inbegriff von Genuss, ja, er hat geradezu etwas Magisches. Bis heute versuche

GEGENÜBER
Einige Familienfotos. Im großen Rahmen Alfred Sommier, der am Ende des 19. Jahrhunderts dem Schloss seinen früheren Glanz zurückgab. Vor ihm von links nach rechts: Édouard de Barante, Jean de Vogüé als Kadett, mein Mann als kleines Kind und Edme Sommier.

Viele der Rezepte in diesem Buch stammen aus der Familie meines Mannes oder aus meiner Kindheit. Auf dieser Seite habe ich einige Personen versammelt, die in dieser Hinsicht wichtig sind: *Gegenüber* die Großmutter mütterlicherseits meines Mannes, Jeanne Jaunez, geb. de Montagnac, genannt Pata. *Ganz oben* ein Picknick bei der Jagd in Lothringen und *oben rechts* Pata, umgeben von ihren beiden Schwestern Marie und Yvonne. Alle drei waren Meisterinnen am Herd. *Rechts* meine Eltern, Guido und Tatiana di Paliano, in Rom. *Unten rechts* ein Erinnerungsfoto an Ferien mit meinem Cousin Pierre Tatistcheff und dem Hund Bobby auf der Insel Elba. *Oben* sieht man Alfred Sommier, den Urgroßonkel meines Mannes, auf der Freitreppe des Schlosses. Er hatte sein Vermögen in der Zuckerindustrie gemacht und kaufte das Schloss 1875.

FOLGENDE DOPPELSEITE

Sticken, Stricken und Lesen auf einer der Terrassen des Schlosses, ein konventionelles Foto und sicher gestellt: Von links nach rechts setzten sich 1879 für den Fotografen in Positur: Madame Alfred Sommier und ihre Freundinnen, die Gräfin de Viel-Castel, die Baronesse de Saint-Didier, die Marquise de Lubersac, die Marquise de Laumont und die Gräfin de Gramont d'Aster.

ich, ihn wiederzufinden. Dieser Duft ist der Ursprung meiner Leidenschaft für Süßspeisen. Für ein Dessert lasse ich alles andere stehen! Aber mit dieser Leidenschaft bin ich nicht allein. Meine Freundin Geneviève Guerlain, bekanntermaßen eine große Expertin für Düfte, arrangiert sogar Dessertmenüs, die nur aus Süßspeisen bestehen.

Systers Kuchen waren von geradezu genialer Schlichtheit. Die „Bulle" zum Beispiel, eine schwedische Spezialität, konnte sie im Handumdrehen zum Nachmittagskaffee zubereiten. Besonders köstlich war die fruchtige Variante dieser Gebäckrolle, am liebsten mochten wir sie mit Heidelbeeren. Ein Hochgenuss war auch ihr wunderbarer Schokoladenkuchen, den sie für uns jedes Jahr zum Geburtstag backte – sogar als wir schon erwachsen waren. Meine beiden Brüder und ich haben ausgerechnet, dass sie im Lauf von fünfunddreißig Jahren insgesamt einhundertachtunddreißig Schokoladenkuchen gebacken hatte.

Ich hielt mich als Kind so oft wie möglich in der Küche auf, und so ist meine Kindheit die Wurzel meiner Leidenschaft für das Kochen. Ich schaute genau zu, ich schnupperte, ich probierte – aber ich half nur sehr selten mit. Und deshalb konnte ich als Zwanzigjährige nicht einmal ein Ei kochen.

RECHTS Der Park von Château Vaux-le-Vicomte. GEGENÜBER Die Skulpturengruppe *Kinder mit Meerpferden* von Alfred Lanson aus dem Jahr 1880 am Kanal im Schlosspark.

FOUQUET

Eine königliche Tradition

A nfang der 1960-er Jahre hatte mein Vater einen Posten bei der NATO in Paris inne. Damals entdeckte ich auch Vaux-le-Vicomte. Eines Morgens im Herbst beschloss ich gemeinsam mit zwei Freundinnen, ein Schloss zu besichtigen. Wir hatten kein bestimmtes Objekt im Auge und wählten nach der Straßenkarte auf gut Glück ein Schloss nahe Melun aus. Bei unserer Ankunft waren das Schloss und die Parkanlage in dichten Nebel gehüllt. Die Dimensionen des majestätischen Bauwerks waren gleichwohl zu erahnen. Leider war Vaux-le-Vicomte damals der Öffentlichkeit noch nicht zugänglich, das Portal war verschlossen. Aber es war kalt, und wir hatten eine lange Fahrt hinter uns. Deshalb läuteten wir, in der Hoffnung, vielleicht doch eingelassen zu werden. Eine Hausmeisterin tauchte auf und fragte nach unserem Anliegen. Trotz unserer Beharrlichkeit gewährte sie uns keinen Einlass. Das Schloss sei von einer alten Dame bewohnt, die keine Besucher empfange. Nur wenn der Neffe aus Paris anwesend sei, sei nach Anmeldung eine Schlossbesichtigung möglich.

Enttäuscht kehrten wir nach Paris zurück. Wie so oft an Sonntagen hatten meine Eltern auch an diesem Abend ein kleines Abendessen arrangiert, damit ich junge Leute „aus guter Familie" kennenlernte. Einer der Gäste wollte wissen, wie ich den Sonntag verbracht hatte, und ich erzählte meine Geschichte vom Schloss mit den verschlossenen Türen.

„Wie hieß das Schloss?", fragte ein anderer junger Mann.

„So genau kann ich mich nicht mehr daran erinnern", antwortete ich, „Chien-le-Vicomte oder so ähnlich, glaube ich."

Der junge Mann lächelte und meinte dann:

„Nun, der berühmte Neffe, bei dem man die Schlossführungen buchen kann, bin ich."

Durch diesen unglaublichen Zufall lernte ich meinen zukünftigen Ehemann Patrice de Vogüé kennen.

Nachdem er mir ebenso charmant wie hartnäckig den Hof gemacht hatte, führte er mich eines Tages durch das weitläufige Anwesen mit dem imposanten

GEGENÜBER Ein Charles Le Brun zugeschriebenes Porträt von Nicolas Fouquet schmückt die Grande Chambre carrée.
OBEN Das Eichhörnchen ist im Schloss überall präsent, da es das Wappentier Fouquets war.

Schlossgebäude und der zauberhaften Gartenanlage. Obwohl der Öffentlichkeit nur in Ausnahmefällen zugänglich, war die bewegte Geschichte des prächtigen Fouquet-Schlosses weltbekannt. Vaux-le-Vicomte inspirierte Ludwig XIV. sogar zum Um- und Ausbau von Versailles. Fouquet liebte es, im Schloss opulente Feste zu feiern, an denen der ganze Hofstaat des Sonnenkönigs teilnahm. In seinen prunkvollen Gemächern waren nicht nur der französische König und seine Frau, sondern auch die Königin von England, die Witwe von Karl I., zu Gast. Die Bälle, Feuerwerke, Konzerte, Theateraufführungen und Bankette wurden von François Vatel organisiert, dem berühmten Haushofmeister des Prinzen Condé auf Schloss Chantilly. Vatel ist in die Geschichte eingegangen, da er sich das Leben genommen haben soll, als bei einem königlichen Bankett der Fisch nicht rechtzeitig eintraf.

Auch das legendäre Eröffnungsfest zu Ehren Ludwigs XIV. am 17. August 1661 auf Vaux-le-Vicomte stand unter Vatels Leitung. Zu diesem Ereignis waren mehrere hundert Personen eingeladen, darunter der gesamte Hofstaat des Königs. In Kutschen konnten die illustren Gäste den weitläufigen Park mit insgesamt zweihundert Wasserspielen und Kaskaden besichtigen. Danach wurde im Schloss ein opulentes Büffet serviert. Musikalisch umrahmt wurde es von vierundzwanzig Streichern. Die Gäste dinierten von Tischgeschirr aus massivem Gold. Bestimmt wurde das Festmahl von Fleisch und Früchten. Dazwischen wurden Zwischengerichte serviert – Täubchenpastete, ausgebeinte Kapaune oder gefüllte Kalbsbrust –, danach gemischte Salate, spanische Orangen und Melonen, das Ganze abgerundet durch erlesene Weine aus Kristallkaraffen. Nach dem Essen gingen die Gäste in den Theatersaal, wo Molières Stück *Die Plagegeister* uraufgeführt wurde. Zum krönenden Abschluss wurde ein spektakuläres Feuerwerk abgebrannt. Der König und sein Hofstaat waren so begeistert, dass sie erst gegen drei Uhr morgens nach Fontainebleau zurückkehrten.

Doch vielleicht waren Prunk und Pomp des Guten zu viel. Maßgeblich beeinflusst von Colbert, dem Rivalen Fouquets, hegte der junge König schon seit einiger Zeit Misstrauen gegenüber seinem Finanzminister, der zugleich sein wichtigster Geldgeber war. Der öffentlich zur Schau gestellte Reichtum und Luxus steigerten die Eifersucht des Königs noch und besiegelte schließlich Fouquets Sturz. Drei Wochen nach dem ausschweifenden Fest wurde er festgenommen, vor ein Gericht gestellt und wegen Veruntreuung von Staatsgeldern zu Verbannung verurteilt. Fouquet starb 1680 in der Festung von Pignerol in den Alpen, ohne sein Lebenswerk noch einmal zu Gesicht bekommen zu haben.

Während der drei bis vier Jahre, in denen Vatel Haushofmeister auf Vaux-le-Vicomte war, tummelte sich dort ein Heer von Köchen, Küchenhilfen, Stallmeistern und Dienern. Nach Fouquets Sturz wurden sämtliche Möbel, Gemälde, Tapisserien und Skulpturen vom König beschlagnahmt und nach Versailles gebracht. Lediglich zwei Säulen und zwei Tische blieben in Vaux. Einsam und verlassen dämmerte das Schloss vor sich hin, auch die Küche wurde von diesem Niedergang nicht verschont. Im Jahre 1705 entschloss sich Madame Fouquet, das Schloss an Marschall de Villars zu veräußern. Damit kehrte ein Hauch von altem Glanz zurück. Hoch verschuldet musste dessen Sohn 1764 das Schloss an den Herzog von Praslin weiterverkaufen. Vaux blieb dann für lange Zeit im Besitz der Familie Praslin. Zwei oder drei Generationen später zogen die Praslins aber aus dem Schloss aus, und es verfiel. Und als es 1875 versteigert wurde, war es völlig heruntergekommen. Der neue Besitzer war Alfred Sommier, ein Unternehmer, der sein Vermögen in der Zuckerindustrie gemacht

OBEN Eine Büste Ludwigs XIV. von Antoine Coysevox (1640–1720).
GEGENÜBER Im Zimmer der Musen, das das Prunkzimmer Fouquets war, sieht man in einem Spiegel einen der großen Kristalllüster und einen Ausschnitt eines um 1635 in Paris gewebten Wandteppichs, der die Geschichte des Hirten Aminta und der Nymphe Silvia von Torquato Tasso darstellt.

hatte. Er ließ das Schloss aufwändig restaurieren. Ein gewaltiges Projekt, das von seinem Sohn Edme fortgeführt wurde.

Die alte Dame, die am besagten Herbstsonntag keine Besucher empfangen wollte, war übrigens Edme Sommiers Witwe. Als mein zukünftiger Ehemann sie mir später vorstellte, war sie schon hoch betagt, aber immer noch äußerst charmant. Die Tochter des früheren französischen Staatspräsidenten Casimir-Perier konnte keine Treppen mehr gehen und wohnte deshalb schon seit einigen Jahren in der Orangerie des Schlosses – dort, wo wir heute selbst wohnen. Da sie keine direkten Erben hatte, vermachte sie Vaux-le-Vicomte ihrem Neffen, dem Vater meines Mannes.

Das Schloss, das ich im Folgenden beschreibe, ist das von Alfred und Edme Sommier mit Hingabe restaurierte Vaux-le-Vicomte. Zum einen haben sie die Innenausstattung originalgetreu wiederhergestellt, zum anderen hat aber auch der Komfort der frühen 1960-er Jahre Einzug gehalten. Als ich zum ersten Mal meinen Fuß über die Schwelle setzte, war das Schloss unbewohnt. Die Räumlichkeiten erstrahlten jedoch in altem Glanz. Die prachtvollen Diners der Familie Sommier erschienen plötzlich ganz nah. Ich nutzte die Gelegenheit, mir die historischen Küchenräume anzusehen. Die kupfernen Kessel blitzten, und die gewaltigen Öfen schienen nur darauf zu warten, wieder angeheizt zu werden.

Als ich in den hohen Schränken auch noch die Weißwäsche entdeckte, kannte meine Begeisterung keine Grenzen. Stapelweise Bettwäsche, Tischdecken, Servietten, alle mit Bändern zusammengehalten und mit Etiketten versehen. So etwas hatte ich noch nie gesehen. Die Wäsche war von höchster Qualität. Besonders elegant waren die großflächigen Damasttischdecken, auf denen vierzig bis fünfzig Gedecke Platz hatten. Eine der Decken schmückte sogar ein eingesticktes Motiv, das Ludwig XV. in der Kutsche sitzend zeigt. Eine spezielle Wäschefrau hütete diesen Schatz wie ihren Augapfel. Nach unserer Hochzeit bat mich mein Mann, die Wäsche zu inventarisieren. Eine wahre Sisyphusarbeit, die heute, vierzig Jahre später, noch immer auf ihre Erledigung wartet. Ich zog es vor, mich von dieser Frau in die Kunst des Waschens, Bügelns, Zusammenfaltens und Einräumens einweisen zu lassen. Diese „weißen Schätze" müssen natürlich gehegt und gepflegt werden, worum wir uns ständig kümmern.

GEGENÜBER Nich nur die Schätze der Vergangenheit, sondern auch die Farben und Lichter laden zum Flanieren in Schloss und Park ein.
LINKS Zur Zeit von Alfred Sommier arbeiteten rund einhundert Personen ständig auf dem Schloss. Hier posieren die Gärtner für den Fotografen.
FOLGENDE DOPPELSEITE Der Große Salon, ein ovaler Raum von 18 Metern Länge und 18 Metern Höhe, wie er sich im Jahr 1900 darbot, als die Sommiers das Schloss bewohnten, das damals noch nicht für die Öffentlichkeit zugänglich war.

Die Desserts von Vaux-le-Vicomte

Patrice und ich haben 1967 geheiratet und sind anschließend nach Vaux gezogen. Madame Sommier lebte damals noch und bereitete uns einen herzlichen Empfang. Wir bezogen den Wohnbau des Schlosses. Gleich zu Beginn richteten wir eine kleine funktionelle Küche im Erdgeschoss ein. Vom Kochen verstand ich allerdings herzlich wenig. Kein Wunder, dass meine ersten Versuche kläglich scheiterten. Uns blieb nichts anderes übrig, als eine Köchin einzustellen. Berthe stammte aus Österreich, war eine begabte Köchin, aber kein einfacher Mensch. Unter ihrer Regie konnten wir die ersten Feste in Vaux ausrichten. An Sonntagen hatten wir regelmäßig bis zu zwei Dutzend Freunde zu Gast. Wir aßen zu Mittag, spielten Rommé, saßen bei Tee und Kaffee zusammen und aßen dazu ein Stück von Berthes himmlischen Torten, spielten wieder Karten und aßen schließlich zu Abend. Von Berthe erhielt ich zwar das kulinarische Rüstzeug, von ihren Rezepten übernahm ich aber nur eines – die Sachertorte. Ich begann, Kochbücher zu kaufen, und stürzte mich ins Abenteuer. Die Leidenschaft für das Kochen hatte mich endgültig gepackt, inspiriert vor allem von den kulinarischen Glanzleistungen meiner Schwiegermutter, bei der wir oft zum Essen eingeladen waren. Sie hatte das Kochen von ihrer Mutter und ihren Tanten gelernt, alle Meisterinnen ihres Fachs. Sie hatten ihr Rezeptkladden hinterlassen, die sorgfältig mit Federhalter geschrieben waren. Hin und wieder schrieb ich ein Rezept ab und nahm es mit nach Vaux, darunter eine wunderbare Crêpetorte, die sich in diesem Buch wiederfindet. Die Rezeptbüchlein waren eine wahre Fundgrube süßer Köstlichkeiten, sehr zur Freude meiner drei Kinder. Übrigens: Die Kinder waren meine strengsten Kritiker. Wenn sie protestierten, wusste ich Bescheid. Auch die hohen Ansprüche meines Mannes, der gerne gut isst, haben mich motiviert.

Als meine Schwiegermutter starb, habe ich die Rezeptkladden geerbt. Diese sechs Büchlein hüte ich wie einen Schatz. Hier finden sich alle großen Klassiker der gutbürgerlichen französischen Küche. Aber meine uneingeschränkten Favoriten sind und bleiben die Süßspeisen. Ich greife deshalb immer wieder nach

GEGENÜBER Im Cabinet Louis XV scheint die Zeit stillzustehen…

einem ganz bestimmten schwarzen Büchlein, prall gefüllt mit Dessertrezepten. Die originellsten davon habe ich für dieses Buch ausgewählt.

Vaux-le-Vicomte – erworben, restauriert und instand gehalten dank eines mit Zucker gemachten Vermögens. Was könnte dieses Schloss besser repräsentieren als der Duft frisch gebackener Kuchen und verführerischer Süßspeisen?

Als wir 1968 das Schloss der Öffentlichkeit zugänglich machten, hatte ich Gelegenheit, meine Kochkünste weiterzuentwickeln. Schon bald strömten Scharen staunender Besucher nach Vaux, die oft einen ganzen Tag im Schloss und in den Gärten verbrachten. Wir beschlossen deshalb, Speisen und Getränke anzubieten und eröffneten in einem der Wirtschaftsgebäude ein kleines Restaurant. Ich stand selbst in der Küche, war aber oft überfordert, da mir jede Erfahrung fehlte. Nach zwei Jahren stellte ich eine Küchenhilfe ein, die mir zur Hand gehen sollte. Eines Tages kam überraschend eine Besuchergruppe zum Essen. Bei dieser Gelegenheit erfand ich den Apfelkuchen Bistrot, der später einer meiner Klassiker wurde. Das Rezept darf in diesem Buch selbstverständlich nicht fehlen. Aber keine Frage, einiges ist mir auch misslungen. Einmal wollte mich der Leiter einer Gruppe nach dem Essen unbedingt sprechen. Wahrscheinlich hat ihm mein Essen besonders gut geschmeckt, dachte ich, und ging erwartungsvoll ins Lokal hinüber. Doch weit gefehlt. Er fragte mich, warum das Baiser auf dem Erdbeerkuchen so salzig gewesen sei... Ich hatte in den falschen Topf gegriffen.

Schnell wuchs die jährliche Besucherzahl auf mehr als einhunderttausend. Uns blieb nichts anderes übrig, als das kleine Restaurant zu Gunsten eines professionell geführten Selbstbedienungslokals aufzugeben. Seitdem koche ich nur noch für meine Familie und meine Freunde. Unterstützt werde ich dabei von Lusia, meiner portugiesischen Perle, einer wahren Künstlerin am Herd. Seit mittlerweile über fünfundzwanzig Jahren stöbern wir in allem, was uns zum Thema Kochen in die Hände fällt, in Kochzeitschriften, immer wieder in den geerbten Rezeptkladden und in Rezepten von Freunden. Wir stehen jeden Tag am Herd, geben Familienfeste und laden Gäste ein. Hin und wieder organisieren wir auch größere Veranstaltungen, wie eine Verlobung, eine Hochzeit oder ein Festessen zu einem anderen wichtigen Anlass.

Lusia und ich sind ein eingespieltes Team und gehen immer gleich vor. Was ist der Anlass? Wer sind die Gäste? In welcher Jahreszeit findet das Essen statt? Nach diesen Kriterien wählen wir die Rezepte aus, die wir von Fall zu Fall den individuellen Bedürfnissen anpassen. Dann ist Lusia am Zug. Sie beschafft die Zutaten und übernimmt die Regie in der Küche.

Natürlich bleiben Fehler nicht aus. Man vergisst eine Zutat oder irrt sich in der Kochzeit. Manchmal aber entsteht aus einem solchen Missgeschick ein ganz neues Dessert mit besonderem Pfiff, besser als das Originalrezept. Einige dieser Zufallstreffer haben ihren Platz in diesem Buch neben den bewährten Klassikern gefunden. Etliche der hier veröffentlichten Rezepte verdanke ich der kulinarischen Kreativität meiner Freunde.

Dieses Buch ist eine Lobeshymne auf das Dessert, eine Hommage an den sinnlich-süßen Duft aus meiner Kindheit, der mich seit so vielen Jahren begleitet. Ein Duft, der heute zu meinem großen Stolz eines der schönsten Schlösser der Welt durchzieht.

OBEN Der Marstallhof.
FOLGENDE DOPPELSEITE Details aus dem Kabinett der Madame Fouquet und aus dem Zimmer Ludwigs XV.

GEGENÜBER
Pata Jaunez, die Großmutter meines Mannes mütterlicherseits, in einem Stich von Paul Helleu (1859–1927).

In La Vigne, einem Anwesen unweit von Sedan in den Ardennen, verbrachten gegen Ende des 19. Jahrhunderts die drei Schwestern Montagnac ihre Kindheit und Jugend – Marie, Yvonne und Jeanne, genannt Pata. La Vigne war ein wahres Schlaraffenland. Von morgens bis abends wurde musiziert, gesungen, gelacht und vor allem gut gegessen. Auf der frisch gestärkten Tischdecke blinkte englisches Tafelsilber, daneben glänzten in Silber gefasste Salzfässchen aus blauem Glas. In La Vigne verstand man es, das Leben zu genießen. Nie werde ich die ersten Nudeln mit Semmelbrösel und den warmen Karamellpudding vergessen.

Die drei Schwestern waren allesamt begeisterte Köchinnen. Sie feilten immer wieder an ihren Rezepten, bis sie perfekt waren. Erst dann wurden sie an andere Köchinnen weitergegeben.

Der schwesterliche Wettstreit um das beste Rezept prägte die Esskultur der Familie. Wer auf gutes Essen verzichtete, war in ihren Augen kein tugendhafter Mensch.

Das tägliche Essen war schlicht, aber stets von bester Qualität – Pot-au-feu, Rinderfilet, kleine Kartoffeln, ein Hauch Muskatnuss hie und da, Risotto, Clafoutis, Früchtekompott, gute Butter und Crème fraîche, luftige Croissants und köstlich duftender Kaffee.

Aber wehe der unachtsamen Köchin! Schludrigkeit war eine Todsünde, und der Zorn darüber ließ das ganze Haus erzittern, bis der Schaden behoben war. Erst dann glätteten sich die Wogen, und die Perfektion kehrte zurück.“

Dieser Auszug aus den unveröffentlichten Erinnerungen meines Mannes vermittelt einen treffenden Eindruck der Umstände, in denen die Rezepte der damaligen Zeit entstanden sind.

Großmutters Rezepte

Die nun folgenden Rezepte stammen aus der Kladde *Cahier N° 1 – Süßspeisen* von Marie de Montagnac, der Tante meiner Schwiegermutter. Wirklich gelungen sind mir nur die einfachsten Rezepte. Für alle anderen muss man entweder eine Meisterköchin sein, oder die Zubereitung dauert einfach zu lange. Deshalb hier nur die Klassiker.

Bei diesem herrlichen Apfelconfit schmeckt man die lange Kochzeit, in der sich Apfelaroma und Karamellgeschmack mischen. Das goldgelbe Confit passt gut zu einer Englischen Creme. Dieses Rezept ist ideal für alle, denen Apfelkompott ein wenig zu bieder ist.

Apfelconfit

Für 6 Personen

Zubereitungszeit – 10 Minuten
Kochzeit – 3–4 Stunden
Ruhezeit – 24 Stunden

Zutaten
1 kg Reinetten
500 g Zucker
Zimtpulver

Zubereitung

Die Äpfel schälen, entkernen und in kleine Viertel schneiden. In einem Kupfertopf oder einem gusseisernen Topf Äpfel und Zucker mischen und zugedeckt bei schwacher Hitze 3–4 Stunden köcheln lassen. Nicht rühren. Gegen Ende der Kochzeit mit etwas Zimtpulver bestreuen. In eine Schüssel geben und 24 Stunden an einem kühlen Ort ruhen lassen, nicht jedoch im Kühlschrank. Mit einer Englischen Creme servieren.

Dieses Rezept ist kinderleicht zuzubereiten. Der Schokoladenwürfel ist immer ein Erfolg – egal, ob beim Nachmittagskaffee oder nach einer Familienmahlzeit.

Schokoladenwürfel

Für 8 Personen

ZUBEREITUNGSZEIT – 30 Minuten
RUHEZEIT – mindestens 2 Stunden

ZUTATEN
30 Löffelbiskuits
400 g Bitterschokolade (70% Kakaoanteil)
3 Eigelb
150 g Butter

Zubereitung

Die Löffelbiskuits der Länge nach teilen. Die Schokolade mit 2 EL Wasser schmelzen, bis eine dickflüssige Masse entsteht. Vom Herd nehmen, Eigelb und Butter hinzufügen. Die Löffelbiskuithälften nacheinander in die Schokomasse tauchen und dicht an dicht auf eine Platte legen. Fest zusammendrücken, so dass am Ende ein großer Würfel entsteht. Mit der restlichen Schokomasse übergießen und mindestens 2 Stunden kalt stellen.

Als ich eines Tages die Aufzeichnungen meiner Schwiegermutter durchblätterte, schlug ich wahllos eine Seite auf und stieß auf einen Schatz: einen Schokoladenkuchen. Ich ging sofort ans Werk, denn der Arbeits- und Zeitaufwand war gering. Das Ergebnis war eine gelungeneÜberraschung für meine Enkelkinder, und seitdem ist dieser Schokoladenkuchen aus meinem Repertoire nicht mehr wegzudenken.

Großmutters Schokoladenkuchen

Für 4–6 Personen

ZUBEREITUNGSZEIT – 30 Minuten
BACKZEIT – 1 Stunde

ZUTATEN
250 g Bitterschokolade (70% Kakaoanteil)
250 g Butter
250 g Zucker
4 Eier
1 EL Mehl
Etwas Butter

Zubereitung

Schokolade, Butter und Zucker schmelzen, aber nicht aufkochen lassen.
Die Eier trennen und das Eigelb mit dem Mehl verrühren. Zur Schokoladenmasse geben und durch ein feines Sieb streichen. Das Eiweiß steif schlagen und unter den Teig heben. Eine Form einfetten und mit Zucker ausstreuen, den Teig hineingeben und im Wasserbad bei 180 °C 1 Stunde backen. Abkühlen lassen, dann den Kuchen stürzen. Dazu mit Vanille aromatisierte Schlagsahne servieren.

Sie bekommen überraschend Gäste zum Abendessen und haben kein Dessert vorbereitet? Hier mein Vorschlag, vorausgesetzt Sie haben Croissants zur Hand, die durchaus auch etwas altbacken sein dürfen.

Croissants mit Zuckerguss

Für 12 Croissants
ZUBEREITUNG – 15 Minuten
KOCHZEIT – 12 Minuten

ZUTATEN
250 ml Milch
2 EL feiner Zucker
2 Prisen Vanillepulver
6 Croissants
3 EL Mehl
500 ml Sonnenblumenöl zum Frittieren

Zubereitung

Milch, Zucker und Vanillepulver aufkochen lassen. Vom Herd nehmen und etwas abkühlen lassen. Die Croissants halbieren und in die noch warme Milch tauchen. Abtropfen lassen, in Mehl wenden und im heißen Öl frittieren. Mit Englischer Creme oder Eiscreme servieren.

Dieses Rezept stammt von der treuen Köchin meiner Schwiegermutter. Als meine Kinder noch klein waren, hat sie diese Torte immer gerne für sie gebacken. Danach geriet das Rezept in Vergessenheit, bis ich es in einer der Kladden wieder entdeckt habe. Jetzt backe ich die Crêpetorte wieder öfter. Allerdings muss ich aufpassen, dass ich die Zutaten nicht verdreifache, sonst wird der Crêpeturm einfach zu hoch und sehr wackelig.

Crêpetorte

Für 4 Personen

ZUBEREITUNGSZEIT – 10 Minuten
RUHEZEIT – 1 Stunde
BACKZEIT – 30 Minuten

ZUTATEN
250 ml Vollmilch
1 Prise Vanillepulver
100 g Butter
3 Eier
3 EL Mehl
3 Prisen feiner Zucker
1 Prise Salz
Etwas Butter
Zucker
Puderzucker

Zubereitung

Die Milch erhitzen, vom Herd nehmen, Vanillepulver hinzufügen und die Butter in kleinen Stücken darin schmelzen lassen. Die Eier trennen und Mehl, Eigelb, Zucker und Salz in einer Schüssel verrühren. Die Milch hinzugeben und alles gut vermischen. 1 Stunde ruhen lassen. Eiweiß zu sehr steifem Schnee schlagen und vorsichtig unter die Masse heben.
Etwas Butter in einer Pfanne von 20 cm Durchmesser schmelzen und eine Kelle Teig hineingießen. Nur auf einer Seite backen. Jede Crêpe mit Zucker bestreuen. Die fertigen Crêpes auf einer Servierplatte auf der offenen Tür des noch warmen Ofens oder auf einem Topf mit kochendem Wasser stapeln. Die gebackene Seite muss jeweils unten sein. Die letzte Crêpe von beiden Seiten backen und mit Puderzucker bestreuen. Die Torte mit pochierten Birnenschnitzen belegen und mit Aprikosensauce servieren.

Crème vierge mit Schokolade

Für 4–6 Personen

ZUBEREITUNGSZEIT – 20 Minuten
KOCHZEIT – 10 Minuten
RUHEZEIT – 30 Minuten

ZUTATEN
60 g süße Mandeln, geschält
500 ml Crème fraîche
4 EL Kakaopulver oder geschmolzene Schokolade
6 Eigelb
1 EL Vanillezucker

Zubereitung

Die Mandeln in einem Mörser zerstoßen. Mit ein wenig Wasser verrühren, dann die Crème fraîche und den Kakao oder die geschmolzene Schokolade zugeben. Kräftig rühren, bis die Masse cremig ist. Dann das geschlagene Eigelb und etwas Vanillezucker hinzufügen. Die Masse bei mittlerer Hitze andicken lassen, in einen Servierteller gießen und abkühlen lassen.

Schokoladenkaramellen

ZUBEREITUNGSZEIT – 10 Minuten
KOCHZEIT – 15–20 Minuten
RUHEZEIT – 30 Minuten

ZUTATEN
1 Glas Milch
1 Glas feiner Zucker
200 g Bitterschokolade (70% Kakaoanteil)
Öl

Zubereitung

Milch, Zucker und Schokolade in einen Topf geben. Bei schwacher Hitze unter ständigem Rühren schmelzen. Lassen Sie etwas Schokoladenmasse auf einen Teller tropfen. Wenn sie sich mit dem Fingernagel leicht ablösen lässt, ist die richtige Konsistenz erreicht. Vorsichtig auf eine Arbeitsplatte aus Marmor oder auf eingefettete Alufolie gießen. Abkühlen lassen und in Quadrate schneiden.

Kaffeesoufflé

Für 4 Personen
ZUBEREITUNGSZEIT – 20 Minuten
BACKZEIT – 20–25 Minuten

ZUTATEN
4 Eier
4 EL Zucker
1 Likörglas starker Kaffee
1 Prise Salz
Etwas Butter
Puderzucker

Zubereitung

Die Eier trennen. In einer Schüssel Eigelb und Zucker schaumig rühren und den Kaffee hinzugeben. Das Eiweiß mit einer Prise Salz zu sehr steifem Schnee schlagen und vorsichtig unter die Kaffeemasse heben. In eine gebutterte Auflaufform geben und die Oberfläche glatt streichen. Etwa 15–20 Minuten bei 120–150 °C backen. Wenn sich das Soufflé goldgelb färbt, aus dem Ofen nehmen, kreuzweise einschneiden und mit Puderzucker bestreuen. Weitere 15–18 Minuten im Ofen backen und dann sofort servieren.

Dieses Rezept stammt aus einer Zeit, als man noch keine Angst hatte, zu viel Butter zu essen, und man nicht bei jedem Bissen die Kalorien zählte...

Schokoladenbiskuit

Für 4 Personen

ZUBEREITUNGSZEIT – 20 Minuten
BACKZEIT – 1 Stunde
RUHEZEIT – 1 Stunde

ZUTATEN
250 g Bitterschokolade (70 % Kakaoanteil)
250 g Butter
250 g Zucker
60 g Mehl, fein gesiebt
3 Eier
Puderzucker

Zubereitung

Butter und Schokolade schmelzen. Zucker, Mehl, Eigelb einrühren und das zu steifem Schnee geschlagene Eiweiß vorsichtig unterheben. Die Masse in eine gebutterte Form geben und im Ofen bei 150 °C 1 Stunde lang backen.
Damit der Kuchen gut gelingt, empfehle ich, die Form mit Alufolie auszukleiden. Dann lässt er sich später leichter aus der Form lösen. Den Kuchen aus dem Ofen nehmen, stürzen und in der Form 1 Stunde auf einem Gitter auskühlen lassen. Das mache ich übrigens bei allen Kuchen so, die beim Abkühlen leicht zusammenfallen. Erst danach aus der Form nehmen und mit Puderzucker bestreuen. Mit Englischer Creme oder Schlagsahne servieren.

Mit diesem einfachen Rezept bekommt man kleine und große Schleckermäuler ganz schnell satt...

Erdbeerbrot

Für 1 Person
ZUBEREITUNGSZEIT – 10 Minuten

ZUTATEN
1 Ei
1 EL Zucker
150 g kleine Erdbeeren
Etwas Butter
1 Scheibe Brot oder Brioche

Zubereitung

Das Ei trennen und das Eiweiß zu Schnee schlagen. Zucker und Erdbeeren zugeben und vorsichtig mischen. Eine Scheibe Brot in der Pfanne in Butter rösten und mit der Erdbeercreme bestreichen.

Nach dem russischen General Suworow wurden im 18. Jahrhundert gleich mehrere Gerichte benannt. Bei diesen Galettes* liebe ich den Geschmack nach warmer Butter.

Galettes Suworow

Für 30 Galettes

ZUBEREITUNGSZEIT – 15 Minuten
RUHEZEIT – 30 Minuten
BACKZEIT – 10 Minuten

ZUTATEN
150 g Mehl
80 g Zucker
1 Prise Vanillezucker
80 g Butter
3 EL Crème fraîche
Puderzucker

Zubereitung

Mehl, Zucker und Vanillezucker auf eine Arbeitsplatte geben, die in Würfel geschnittene Butter darauf verteilen und die Crème fraîche hinzufügen. Wie einen Tarteteig mit den Fingerspitzen zu einem glatten Teig verkneten.
Zu einer Kugel formen und 30 Minuten kalt stellen.
Den Ofen auf 150 °C vorheizen. Den Teig etwa 5 mm dick auf einer bemehlten Arbeitsfläche ausrollen und mit einer runden Ausstechform Galettes ausstechen.
Bei schwacher Hitze backen. Aus dem Ofen nehmen, bevor die Galettes zu braun werden, da sie sonst nicht mehr so gut schmecken. Man kann sie auch mit Aprikosenmarmelade (mit einem Schuss Kirschwasser abgeschmeckt) bestreichen und eine zweite Galette darauflegen. Mit Puderzucker bestreuen und mit dem Messer auf der Oberfläche kleine Muster einritzen.

* *Eine Galette ist in der Regel ein flacher, runder Kuchen aus verschiedenen Teigen und mit verschiedenen Belägen, hier eher kleine runde Kekse.*

GEGENÜBER
Mit der großartigen Ausgewogenheit des Château Vaux-le-Vicomte, die ihm den Ehrennamen das „erste Versailles" einbrachte, vermischt sich die Freude an den Rezepten meiner Familie und meiner Freunde. Ich liebe diesen Kontrast, den dieses Foto verdeutlicht, das mich in einer Küchenschürze mit Eichhörnchen in der Flucht der Prunkgemächer zeigt.

Wo auch immer mein Vater Botschafter war – immer waren es die verführerischen Gerüche aus der Küche, die mich magisch anzogen haben. Voller Ehrfurcht betrat ich die heiligen Hallen und drückte mich möglichst unauffällig in eine Ecke, um die Köche bei der Arbeit zu beobachten. Damals begann ich, Rezepte zu sammeln, einige davon begleiten mich bis heute. Mein Interesse für das Kochen verstärkte sich, als Syster in unsere Dienste trat. Die kulinarische Kreativität meiner finnischen Kinderfrau war für mich eine gute Schule. Allerdings nur in der Theorie. Richtig kochen gelernt habe ich erst in Vaux, vor allem in der Zeit, als wir das kleine Bistro des Schlosses betrieben. Dort musste ich mit dem auskommen, was gerade verfügbar war. Mir blieb gar nichts anderes übrig, als zu improvisieren, wodurch neue Rezepte entstanden sind, einfach und schmackhaft zugleich. Es freut mich, dass ich Ihnen auf diesen Seiten einige davon vorstellen kann.

Meine Rezepte

Als Kinder bekamen wir von Syster zum Geburtstag immer einen Schokoladenkuchen gebacken, immer nach dem gleichen Rezept. Noch viele Jahre danach konnte ich mich an seinen köstlichen Geschmack und seinen verführerischen Duft erinnern. Würde mir dieser Kuchen wohl auch so gut gelingen? Eines Tages fand ich mitten unter ihren Briefen das Rezept für einen Schokoladenkuchen. Sollte es etwa der Geburtstagskuchen meiner Kinderzeit sein? Ich ging sofort ans Werk. Und in der Tat, er war es. So weich und saftig, dass man ihn sogar mit dem Löffel essen kann...

Unser Geburtstagskuchen

Für 6 Personen

ZUBEREITUNGSZEIT – 20 Minuten
BACKZEIT – 45 Minuten

ZUTATEN
500 g Bitterschokolade (70% Kakaoanteil)
100 g Butter
4 Eier
1 Päckchen Vanillezucker
1 TL Backpulver
100 g Zucker

Zubereitung

Die Schokolade schmelzen und vom Herd nehmen. Butter, Eigelb, Vanillezucker, Backpulver und Zucker hinzufügen und verrühren.
Das Eiweiß zu sehr steifem Schnee schlagen und vorsichtig unterheben.
In eine gefettete Form geben und bei mittlerer Hitze (180 °C) 45 Minuten backen.
Mit einer Englischen Creme oder Schlagsahne servieren. Bei unregelmäßiger Hitze kann es passieren, dass der Kuchen in der Mitte einsinkt. Dann kann man ihn auch als Löffelkuchen servieren. Das sieht zwar nicht gerade attraktiv aus, schmeckt aber genauso gut.

In unserer Kinderzeit haben wir die Ferien meist in Italien verbracht. Anfangs auf der Insel Elba, später auf Ischia in einem Haus in den Hügeln nahe Lacco Ameno. Tag für Tag rannten wir an den Strand. Auf dem Rückweg hatte Syster die Angewohnheit, die Trauben fremder Weinstöcke abzupflücken. Wie Sie wissen, ist das Obst in Italien besonders süß und saftig. Ich werde zum Beispiel niemals den wunderbaren Geschmack frisch gepflückter Feigen vergessen. Syster hatte eine Vorliebe für Zabaione, eine in Italien sehr beliebte leichte Cremespeise. Sie dekorierte sie gerne mit Obst, das sie unterwegs mitgenommen hatte. So entstand dieses Rezept.

Aprikosenzabaione

Für 4 Personen

ZUBEREITUNGSZEIT – 30 Minuten
KOCHZEIT – 5–10 Minuten

ZUTATEN
6 reife Aprikosen
6 Eigelb
80 g Zucker
250 ml Marsala
Etwas Butter
Puderzucker

Zubereitung

Die Aprikosen waschen, halbieren und entkernen. Das Eigelb in einen Topf geben und mit dem Zucker schaumig schlagen. Wer möchte, kann Marsala hinzufügen. Den Topf in ein nicht zu heißes Wasserbad stellen und so lange rühren, bis die Masse die richtige Konsistenz hat. Die Creme in 4 gut gefettete Förmchen gießen, die Aprikosenhälften wie Blütenblätter darauf verteilen und mit Puderzucker überstäuben. Die Förmchen einige Minuten unter den vorgeheizten Grill stellen, bis die Oberfläche der Zabaione goldgelb ist. Lauwarm servieren.
Wer möchte, gibt eine Kugel Vanille- oder Zimteis in die Mitte. Natürlich kann man dieses Rezept auch mit anderen Früchten zubereiten.

Ich erinnere mich noch gut daran, dass Syster selbst überreifes Obst nie wegwarf, sondern immer ein Rezept erfand, mit dem es „zum Leben erweckt“ wurde. Eines Tages bereitete sie aus matschigen Pfirsichen eine Mousse zu. Seitdem gehört diese leichte, besonders fruchtige Mousse zu unseren Lieblingsdesserts. Die klassische Mousse au chocolat bleibt natürlich unser Favorit...

Pfirsichmousse mit Honig

Für 4 Personen

ZUBEREITUNGSZEIT – 30 Minuten
RUHEZEIT – 1 Stunde

ZUTATEN
1 Zitrone
8 gelbe Pfirsiche
1 TL Vanilleessenz
2 TL flüssiger Honig
200 ml sehr kalte Sahne

Zubereitung

Die Zitrone auspressen. Die Pfirsiche schälen, entkernen, das Fruchtfleisch in Würfel schneiden und zusammen mit dem Zitronensaft im Mixer pürieren. Das Püree in eine Schüssel geben, die Vanilleessenz und den Honig hinzufügen. Lange rühren. Die kalte Sahne sehr steif schlagen (auch die Schüssel und die Rührbesen sollten gekühlt sein). Vorsichtig unter das Pfirsichpüree heben. In Schälchen füllen und vor dem Servieren 1 Stunde in den Kühlschrank stellen.

Mein Vater war vier Jahre italienischer Botschafter in Oslo. Ich war siebzehn und liebte dieses herrliche Land. Norwegen hat jungen Leuten einiges zu bieten – Waldwanderungen, Skilaufen, Radfahren und Segeln auf prachtvollen Seen und in Fjorden. In der Botschaft hatten wir einen französischen Koch namens Denis. Von ihm hat Syster viele Rezepte übernommen. Eines Tages erzählte er mir, dass er auch schon in Moskau als Koch gearbeitet habe. Wegen der großen Kälte schätzt man dort im Winter gehaltvolles Essen, das sich einfach und schnell zubereiten lässt.

Moskauer Torte

Für 8 Personen

ZUBEREITUNG – am Vortag
RUHEZEIT – 24 Stunden im Gefrierfach und 4 Stunden im Kühlschrank

ZUTATEN
600 g Bitterschokolade (75% Kakaoanteil)
300 g Butter
12 Eier
Saft von 1 Orange

Für die Glasur
200 g Bitterschokolade (75% Kakaoanteil)
2 EL Puderzucker

Zubereitung

Die Schokolade im Wasserbad schmelzen und die weiche Butter zugeben.
Die Eier trennen, das Eigelb schaumig schlagen und zusammen mit dem Saft der Orange zur Schokoladenmasse gießen. 6 Eiweiß zu sehr steifem Schnee schlagen und vorsichtig unter die Schokoladenmasse heben. Eine Form einfetten und mit Alufolie auskleiden. Die Masse hineingeben und 24 Stunden in das Gefrierfach stellen.
Am nächsten Tag die Glasur vorbereiten. Dafür die Schokolade mit dem durchgesiebten Puderzucker schmelzen und den Kuchen damit überziehen. Noch mindestens 4 Stunden in den Kühlschrank stellen. Mit einer Englischen Creme servieren.

Mein Sohn Alexandre, der heute als Bergführer in Chamonix arbeitet, verbrachte drei Jahre in Argentinien. Zwischen zwei Expeditionen in den Anden arbeitete er im Verkauf einer großen Bierbrauerei. Er war während dieser Zeit aber auch öfters zu Hause, um sich zu erholen. Man sah ihm an, dass er das Land seiner Träume gefunden hatte. Eines Tages brachte er mir als Souvenir einen Topf Milchcreme mit, eine traditionelle argentinische Süßspeise namens *dulce de leche*. Nachdem ich wusste, wie man sie zubereitet, gab es die Milchcreme manchmal zum Frühstück, wenn mein Sohn daheim war.

Argentinische Milchcreme

KOCHZEIT – 3 Stunden

ZUTATEN
1 Dose gezuckerte Kondensmilch

Zubereitung

Die geöffnete Dose Kondensmilch im Wasserbad kurz aufkochen und 3 Stunden köcheln lassen. Am Ende sollte die Creme goldgelb sein. Abkühlen lassen und mit Marmelade servieren.

Seit das Schloss 1968 für die Öffentlichkeit zugänglich gemacht wurde, können die Säle für Festlichkeiten aller Art gemietet werden. Dann ist das Schloss hell erleuchtet und die zahllosen Kerzen der Kronleuchter schaffen eine ganz besondere Atmosphäre. Der Rahmen des Festes und die Raumgestaltung sind dem Gast selbst überlassen. Doch egal, ob zeitgenössisch oder barock – das Schloss behält immer seinen unvergleichlichen Charme. Auch bei noch so großartigen und glanzvollen Festen bleibt die Küche mein Lieblingsplatz. Die große Küche im Keller wird heute nicht mehr genutzt. Dafür haben wir im Erdgeschoss eine Küche eingerichtet und perfekt ausgestattet. Hier schaue ich gerne den Köchen über die Schulter, die das Essen für die Gäste zubereiten. Einmal bot mir einer ein Stück Schokoladenkuchen an, traumhaft luftig und lecker. Sein Geheimnis: lange Backzeit bei niedriger Temperatur.

Schokoladenkuchen nach Art des Küchenchefs

Für 6 Personen

ZUBEREITUNGSZEIT – 20 Minuten
BACKZEIT – 90–120 Minuten

ZUTATEN
6 Eier
250 g Zucker
250 g schwarze Blockschokolade
250 g Butter
1 EL Speisestärke

Zubereitung

Die Eier mit dem Zucker schaumig schlagen. Dann die zuvor im Wasserbad geschmolzene Schokolade, die weiche Butter und die Speisestärke dazugeben. Das Ganze in eine gut gefettete Form geben. Den Ofen auf 120 °C vorheizen. 90–120 Minuten backen. Abkühlen lassen und stürzen.

GEGENÜBER
Wir beherbergen im Schloss eine außergewöhnliche Sammlung von vierundvierzig alten Backformen aus Kupfer aus dem 19. Jahrhundert, die in den Räumen der ehemaligen Küche ausgestellt sind.

Meine Mann, meine Söhne und sogar mein Enkel sind verrückt nach diesem Kuchen. Die Zubereitung ist ein Kinderspiel, aber genauso schnell wie ich ihn gebacken habe, ist er auch schon wieder weg. Der besondere Pfiff bei diesem Rezept ist die gesalzene Butter.

Butterkuchen

Für 6 Personen

ZUBEREITUNGSZEIT – 30 Minuten
BACKZEIT – 20–30 Minuten

ZUTATEN
300 g Mehl
1 Prise Backpulver
240 g Zucker
4 Eigelb
240 g Butter, leicht gesalzen
1 Prise Salz

Zubereitung

Mehl, Backpulver, Zucker, nach und nach 3 Eigelb, Butter und Salz in einer Schüssel vermischen und zu einem geschmeidigen Teig verkneten. In eine hochwandige quadratische Form geben, glatt streichen und mit einer Gabel kreuzförmig einritzen. Mit dem 4. Eigelb einpinseln. Den Ofen auf 180 °C vorheizen und 20–30 Minuten backen lassen, bis die Oberfläche goldgelb ist. Der Kuchen soll außen knusprig und innen noch weich sein. Abkühlen lassen, stürzen und in Stücke schneiden.

GEGENÜBER
Eine Büste Molières im Zimmer der Musen. Sie erinnert daran, das der Dichter 1661 in diesem Zimmer *Die Schule der Ehemänner* für Maria Henrietta von Frankreich, die Schwester Ludwigs XIII. und Königin von England, aufgeführt hat.

Woher dieses Rezept wohl stammt? Ich weiß es selbst nicht mehr. Dort heißt es: „Erst das Apfelmus, dann die Nüsse hinzugeben." Doch als ich den Kuchen backte, war ich etwas zerstreut und vergaß das Apfelmus. Aus Zufall ist so ein Kuchen entstanden, der besonders im Winter nach einem Tag auf den Brettern oder einem langen Spaziergang im Schnee einfach köstlich schmeckt. Am besten passt dazu Glühwein oder heiße Schokolade mit Sahne... Übrigens: Das Apfelmus lasse ich seitdem immer weg!

Walnusskuchen

Für 6 Personen

ZUBEREITUNGSZEIT – 15 Minuten
BACKZEIT – 35 Minuten

ZUTATEN
Getrocknete Hülsenfrüchte
150 g Zucker
100 ml Sahne
300 g Walnusskerne oder Pekannusskerne
10 g Butter

Mürbeteig
(Rezept siehe Seite 154)

Zubereitung

Einen Mürbeteig vorbereiten und in eine gut gefettete flache Kuchenform geben. Getrocknete Hülsenfrüchte darauf verteilen. Im vorgeheizten Ofen bei 240 °C etwa 10 Minuten blind backen. Die Oberfläche des Tortenbodens sollte hellbraun sein.
Den Zucker leicht karamellisieren, dann mit der Sahne ablöschen.
10 Minuten köcheln lassen, bis sich eine homogene Masse gebildet hat.
Die Nüsse zugeben. Unter ständigem Rühren weitere 10 Minuten kochen.
Am Ende der Kochzeit die Butter hinzufügen. Die Nussmasse auf dem Tortenboden verteilen. Nochmals 5 Minuten in den Ofen schieben.

Diese Creme habe ich in einem Lokal in Spanien entdeckt. Da ich das Rezept nicht bekommen konnte, musste ich es aus dem Gedächtnis nachkochen. Leider standen mir auch die Originalzutaten, wie das *turron*, nicht zur Verfügung. Ich habe es durch einen anderen hochwertigen Nugat ersetzt.

Nugatcreme

Für 4 Personen

ZUBEREITUNGSZEIT – 15 Minuten
KOCHZEIT – 20 Minuten
RUHEZEIT – 1 Stunde

ZUTATEN
250 ml Milch
400 ml Sahne
4 Eigelb
2 EL feiner Zucker
150 g Nugat

Zubereitung

Milch und 250 ml Sahne in einem Topf aufkochen und vom Herd nehmen. Das Eigelb in einer Schüssel mit dem Zucker schaumig schlagen. In einem feinen Strahl unter ständigem Rühren langsam die Milch hinzugießen. Das Ganze in den Topf zurückgeben, auf den Herd stellen, weiter rühren und bei schwacher Hitze 10 Minuten köcheln lassen, bis die Creme am Löffel hängen bleibt. Vom Herd nehmen, den in kleine Würfel geschnittenen Nugat hinzugeben und schmelzen lassen. Die Creme in eine Schale geben und erkalten lassen. Die restliche Sahne steif schlagen und unter die Nugatcreme heben. Dazu passen in der Pfanne mit Butter kurz angebratene Aprikosen, Äpfel oder Birnen. Vor dem Servieren mit gehackten Pistazien und Nugatsplittern bestreuen.

Ich hatte das Glück, in Vaux zwei wunderbare portugiesische Köchinnen zu haben – Maria und Lusia. Erstere hat mir das praktische Einmaleins der guten Küche beigebracht. Damals waren meine Kinder noch sehr klein, und Maria konnte ihre Kochkunst für diese drei kleinen Feinschmecker richtig ausleben. Und wehe, ihr Mann José wagte zu scherzen: „Heute kein Dessert für Ascanio!“ Dann brach mein Sohn sofort in Tränen aus...
Als sie in Rente ging, überließ mir Maria ihre „Bibel der portugiesischen Küche“. Leider spreche ich kein Portugiesisch, doch glücklicherweise hatte ich mir die wichtigsten Details für diese Schokoladenkarrees schon früher notiert. Ihre Zubereitung ist ein Kinderspiel. Durch ihren zarten Schmelz passen sie wunderbar zu Kaffee oder Eis.

Schokoladenkarrees

Für 6–8 Personen

ZUBEREITUNGSZEIT – 30 Minuten
BACKZEIT – 30 Minuten

ZUTATEN
2 EL Milch
120 g Bitterschokolade (70% Kakaoanteil)
120 g Butter
100 g Zucker
2 Eier
1 Prise Vanillepulver
60 g Mehl
30 g Speisestärke
1 TL Backpulver
Puderzucker

Zubereitung

Die Milch in einem Topf erhitzen, die zerbröckelte Schokolade und die Butter darin schmelzen. Vom Herd nehmen, den Zucker hinzufügen und so lange rühren, bis er sich aufgelöst hat. Diese Masse in eine Schüssel gießen und unter ständigem Rühren die Eier zugeben. Dann Vanillepulver, Mehl, Speisestärke und Backpulver hinzufügen. So lange schlagen, bis sich Bläschen bilden. In eine gefettete Form geben. Den Ofen auf 150 °C vorheizen und 30 Minuten backen. Die Garprobe machen. Dann auf die Arbeitsfläche stürzen, mit Puderzucker bestäuben und in kleine Karrees schneiden.

Apfel-Butterkuchen

Für 6–8 Personen

ZUBEREITUNGSZEIT – 20 Minuten
BACKZEIT – 30–40 Minuten

ZUTATEN
4 Kochäpfel, geschält und in Scheiben geschnitten
120 ml Orangensaft
125 g Zucker
½ TL Zimt
125 g Butterkuchen *(Rezept siehe Seite 72)*
50 g geschmolzene Butter

Zubereitung

Die Apfelscheiben gleichmäßig in einer Porzellanform verteilen. Den Orangensaft darübergießen und mit Zucker und Zimt bestreuen. Den Butterkuchen in die geschmolzene Butter krümeln. Diese Masse über die Äpfel verteilen und mit Alufolie abdecken. Im Ofen bei 210 °C etwa 25–30 Minuten backen.
Die Alufolie entfernen und weitere 5–10 Minuten backen.
Tipp: Statt des Butterkuchens kann man auch gekaufte Butterkekse verwenden.

Es gab einen Geburtstag zu feiern – und ich hatte keine Schokolade zur Hand! Eine Katastrophe, denn ein Geburtstag ohne Schokoladenkuchen war kein richtiger Geburtstag. Beim Durchstöbern der Vorratskammer fiel mein Blick auf ein Glas Nutella. Meine Kinder bestrichen jeden Morgen großzügig ihre Frühstücksbrote damit. Spontan entschied ich mich, die Schokolade durch Nutella zu ersetzen. Das war die Geburtsstunde eines köstlichen Desserts. Die luftige Konsistenz, der nussige Geschmack und die knackigen Pistazien – eine perfekte Kombination, die bei meinen Kindern großen Erfolg hatte.

Nutella-Kuchen

Für 8 Personen

ZUBEREITUNGSZEIT – 20 Minuten
KOCHZEIT – 10 Minuten
RUHEZEIT – 4 Stunden

ZUTATEN
130 g Zucker
3 Eiweiß
1 Prise Salz
300 g Nutella
50 g geschälte Pistazien
1 EL Kakaopulver

Zubereitung

80 g Zucker in einen Topf geben, 100 ml Wasser hinzufügen und aufkochen. Sobald sich im Sirup kleine Bläschen zeigen, unter ständigem Rühren noch 3–4 Minuten weiterköcheln lassen. Das Eiweiß mit dem Salz zu steifem Schnee schlagen. Den heißen Sirup langsam unterrühren. Die Baisermasse so lange weiterschlagen, bis sie durchsichtig wird. Nutella im Wasserbad erwärmen und vorsichtig unterheben. Eine Backform mit 16 cm Durchmesser mit Alufolie auskleiden und mit der Masse füllen. Für 4 Stunden ins Gefrierfach stellen. Den restlichen Zucker in einem kleinen Topf karamellisieren, die Pistazien dazugeben und gut verrühren. Das Krokant auf Backpapier geben und glatt streichen. Die Form aus dem Gefrierfach nehmen, den Kuchen aus der Form nehmen, mit Kakaopulver bestäuben und mit Krokantstückchen garnieren. Zurück ins Gefrierfach stellen und erst kurz vor dem Anrichten wieder herausnehmen, da der Kuchen schnell auftaut.

Zehn Jahre lang haben wir mit unseren Kindern Winterurlaub in Kitzbühel gemacht. Damals wurde ihre Begeisterung für das Skifahren geweckt. In Val d'Isère bauten sie ihr Können später weiter aus. Sport ist bis heute ihre große Leidenschaft geblieben. Alexandre, einer meiner Zwillingssöhne, hat seine Passion zum Beruf gemacht und ist heute Bergführer. In Kitzbühel habe ich auch den Kaiserschmarrn entdeckt. Am besten schmeckt er nach einem langen Skitag vor dem prasselnden Kaminfeuer einer Berghütte. Dazu einen Glühwein, was will man mehr...

Kaiserschmarrn

Für 4–6 Personen

ZUBEREITUNGSZEIT – 1 Stunde
BACKZEIT – 20 Minuten

ZUTATEN
2 EL Rosinen
4 EL Rum oder Tee
4 Eigelb
3 EL Zucker
Etwas Salz
500 ml Milch
2 Tropfen Vanillearoma
120 g Mehl
5 Eiweiß
4 EL Butter
Puderzucker

Zubereitung

Die Rosinen 30 Minuten in Rum oder Tee einweichen. Abtropfen und trocknen lassen. Eigelb, Zucker und Salz mit dem Mixer schaumig rühren. Unter ständigem Rühren zunächst Milch und Vanillearoma, dann in zwei Etappen das Mehl hinzugeben. So lange rühren, bis eine homogene Masse entsteht. Die Rosinen zugeben. In einer zweiten Schüssel das Eiweiß steif schlagen und vorsichtig unter den Teig heben. 2 EL Butter in einer Pfanne schwach erhitzen. Die Hälfte des Teigs in die Pfanne gießen, bis der Boden etwa 5 mm hoch bedeckt ist. Bei schwacher Hitze etwa 4 Minuten goldgelb backen. Mit einer Backschaufel den Pfannkuchen leicht anheben, um zu prüfen, ob er die richtige Farbe hat. Dann wenden, erneut etwas Butter in die Pfanne geben und den Pfannkuchen von der anderen Seite ebenfalls 4 Minuten backen. Mit zwei Gabeln in 6–8 Stücke reißen und auf einen warmen Teller legen. Erneut 2 EL Butter in der Pfanne auslassen, einen zweiten Pfannkuchen backen und ebenfalls teilen. Die Pfannkuchenstücke vom Teller wieder in die Pfanne geben und bei mittlerer Hitze alles etwa 2 Minuten goldgelb backen, dabei jedes Stück 2–3 Mal wenden. Den Kaiserschmarrn auf einem Teller anrichten, mit Puderzucker bestreuen und mit einem Fruchtkompott oder Fruchtsirup servieren. Ein besonderer Genuss dazu ist Zwetschgenröster.

GEGENÜBER
Die Spiegel des Speisesaals eröffnen eine unendliche Perspektive mit der Büste von Charles Le Brun von Antoine Coysevox (1640–1720) im Zentrum. Einen Raum ausschließlich für Mahlzeiten zu nutzen, ist eine Erfindung der Zeit, in der Vaux-le-Vicomte gebaut wurde.

Als mein Sohn Jean-Charles gerade zwölf Jahre alt war, brachte er eines Tages einen selbst gebackenen Kuchen aus der Schule mit nach Hause. Der Kuchen wurde sein Leibgericht. Später habe auch ich ihn oft gebacken.

Lieblingskuchen von Jean-Charles

Für 8–10 Personen

ZUBEREITUNGSZEIT – 35 Minuten
BACKZEIT – 5 Minuten
RUHEZEIT – 6 Stunden

ZUTATEN
500 g Bitterschokolade (70% Kakaoanteil)
250 g Butter
2 EL Zucker
2 Eier
150 g gemahlene Mandeln
100 ml Crème fraîche
1 Päckchen Vanillezucker
12 Butterkekse
1 EL Puderzucker

Zubereitung

Die Schokolade zerbröckeln, in einen Topf geben und im Wasserbad unter ständigem Rühren auf kleiner Flamme schmelzen. Die Butter schmelzen und mit dem Zucker schaumig schlagen. Nach und nach das Eigelb untermischen. Dann Mandeln, Schokolade, Crème fraîche und Vanillezucker zugeben. Das Ganze zu einer homogenen Masse verrühren. Die Kekse hineinbröseln. Das Eiweiß zu steifem Schnee schlagen und vorsichtig unterheben, damit eine luftige Masse entsteht. In eine gut gefettete Kastenform geben. Die Oberfläche glatt streichen. Mit Alufolie abdecken und mindestens 6 Stunden kalt stellen. Am besten bereitet man den Kuchen am Tag vorher zu. Die Form 30 Sekunden in sehr heißes Wasser tauchen, dann den Kuchen stürzen. Mit Puderzucker bestreut servieren.

GEGENÜBER
In den unterirdischen Küchenräumen des Schlosses lässt das durch hohe Fenster einfallende Licht die Kupferkessel funkeln. Hier arbeitete zu Zeiten Fouquets der berühmte Küchenchef François Vatel. Im Jahr 1671 hat er sich in Diensten des Prinzen Condé auf Schloss Chantilly das Leben genommen, weil bei einem Bankett für König und Hofstaat der Fisch nicht rechtzeitig eintraf. Die große Küche auf Vaux-le-Vicomte wurde bis 1956 benutzt.

Von der Karte eines guten italienischen Restaurants ist das Tiramisu nicht mehr wegzudenken. Es ist heute weltberühmt, und die Zubereitung kann man in vielen Kochbüchern nachlesen. Ich habe im Lauf der Zeit meine persönlichen Varianten entwickelt. Aus zwei Tafeln Mandelschokolade, die meine Enkel verschmäht hatten, ließ sich beispielweise dieses Tiramisu zaubern...

Schokoladen-Tiramisu

Für 6 Personen

ZUBEREITUNGSZEIT – 30 Minuten
RUHEZEIT – 2 Stunden

ZUTATEN
2 Eigelb
100 g feiner Zucker
500 g Mascarpone
200 g Löffelbiskuits
3 kleine Tassen Espresso
200 g Mandelschokolade

Zubereitung

Eigelb und Zucker schaumig rühren, Mascarpone zugeben und zu einer glatten Creme verrühren. Die Löffelbiskuits kurz in den Espresso tauchen und als unterste Schicht in eine rechteckige Form legen. Mit einer Schicht Mascarponecreme bedecken. Abwechselnd Löffelbiskuits und Creme übereinander schichten. Mit einer Cremeschicht abschließen und mit Mandelschokoladensplittern bestreuen. Mindestens 2 Stunden in den Kühlschrank stellen. Mit einer Englischen Creme servieren.

Ich probiere immer wieder neue Tiramisu-Varianten aus, der Jahreszeit und dem Inhalt meines Kühlschranks entsprechend. In Vaux gibt es einen von Mauern umschlossenen Obst- und Gemüsegarten aus der Zeit Fouquets. Mein Mann hat ihn nach unserem Einzug neu gestaltet. Er legte vier quadratische Gemüsebeete an, in deren Mitte jeweils ein Apfelbaum steht. Die Spalierbirnen entlang der Mauer sind heute leider verschwunden. Nach und nach haben wir auch Erdbeerbeete angelegt sowie Feigenbäume und Himbeersträucher gepflanzt. Wenn die Erdbeerernte besonders üppig ausfällt, püriere ich die etwas beschädigten Früchte und mache ein Tiramisu daraus.

Erdbeer-Tiramisu

Für 6 Personen

ZUBEREITUNGSZEIT – 30 Minuten
RUHEZEIT – 2 Stunden

ZUTATEN
4 Eier
200 g feiner Zucker
1 Prise Vanillepulver
500 g Mascarpone
1 kg vollreife Erdbeeren
400 g Löffelbiskuits
1 Handvoll Mandelblättchen

Zubereitung

Das Eigelb mit der Hälfte des Zuckers schaumig schlagen. Mascarpone hinzufügen. Das Eiweiß sehr steif schlagen und behutsam unter die Creme heben. Die Erdbeeren in einer Schüssel mit dem restlichen Zucker pürieren, dabei einige Erdbeeren für die Garnitur beiseite stellen. In einer rechteckigen Form abwechselnd Löffelbiskuits, Erdbeerpüree und Mascarponecreme übereinander schichten, bis alles aufgebraucht ist. Mit einer Cremeschicht abschließen. Mit den beiseite gestellten Erdbeeren garnieren. Mindestens 2 Stunden in den Kühlschrank stellen. Vor dem Servieren mit Mandelblättchen bestreuen.

Eines Tages hatte ich Gäste zum Essen und bat meine Köchin Lusia, Baisers zu backen. Ich ging in die Küche, um zu sehen, wie weit Lusia mit den Vorbereitungen war, und was sah ich? Sie war gerade dabei, eine große weiße Kugel aus dem Ofen zu ziehen. Sie hatte offensichtlich *ein* Baiser verstanden. Wir halbierten die Kugel und füllten eine Hälfte mit flüssiger Schokolade. Die zweite Hälfte diente als Deckel. Seitdem habe ich dieses Rezept für besondere Gelegenheiten in mein Repertoire aufgenommen. Die Füllung variiert von Fall zu Fall.

Gefülltes Baiser

Für 6–8 Personen

ZUBEREITUNGSZEIT – 45 Minuten
BACKZEIT – 2 Stunden

ZUTATEN
6 Eiweiß
1 Prise Salz
1 TL Zitronensaft
1 Prise Vanille
50 g Zucker
Etwas Butter
1 EL Mehl
150 g süße Sahne
Früchte nach Wahl und Saison

Zubereitung

Eiweiß mit Salz und Zitronensaft zu lockerem Schnee schlagen. Unter ständigem Rühren nach und nach den Zucker zugeben, bis er sich ganz aufgelöst hat und eine steife Masse entstanden ist. Eine hochwandige Form einfetten und bemehlen. Die Eiweißmasse hineingeben, in der Mitte etwas höher als an den Seiten. Den Ofen auf 60 °C vorheizen und 90 Minuten backen. Die Temperatur auf 90 °C erhöhen und weitere 30 Minuten backen. Im geschlossenen Ofen auskühlen lassen. Vor dem Servieren einen Deckel abschneiden und den unteren Teil mit Früchten und Schlagsahne füllen. Den Deckel wieder daraufsetzen und servieren.

Im Landhaus meiner Schwiegermutter in Fleury gab es einen bezaubernden Garten mit prachtvollen Obstbäumen. Wenn die Apfelbäume blühten, war der Rasen über und über mit weißen Blüten bedeckt. Es gab dort auch einen sehr alten Kirschbaum, der alle zwei Jahre Früchte trug, von denen wir immer einen Teil abbekamen. Mit den Kirschen backte ich immer den gleichen Kuchen, und er war immer köstlich.

Kirschkuchen

Für 8 Personen

ZUBEREITUNGSZEIT – 30 Minuten
BACKZEIT – 1 Stunde

ZUTATEN
150 g Mehl
2 TL Backpulver
150 g feiner Zucker
2 Eier
2 EL Öl
150 ml Milch
750 g Kirschen
Johannisbeergelee

Zubereitung

Mehl, Zucker und Backpulver in eine Schüssel geben. Eine Vertiefung in die Mitte drücken und Milch, Eier und Öl hineingeben. Alles zu einem weichen Teig verkneten. Die entkernten Kirschen hinzufügen. Den Teig in eine gefettete Porzellanform geben und bei 150 °C etwa 1 Stunde backen. Den Kuchen mit erwärmtem Johannisbeergelee bestreichen und lauwarm servieren.

GEGENÜBER
Das Deckengemälde von Charles Le Brun im Vorzimmer des Herkules, das den Helden der antiken Mythologie verherrlicht.

Im Jahre 1952 waren wir mit der ganzen Familie bei den Olympischen Sommerspielen in Helsinki. Ich schwärmte für d'Oriola, den Fechter, und d'Oriola, den Springreiter... Wir Kinder durften auch Systers Familie besuchen, die mitten im Wald wohnte, umgeben von malerischen Seen. Mit unseren neuen finnischen Freunden verbrachten wir dort die Ferien, obwohl wir uns meist nur mit Gesten verständigen konnten. In Finnland spielt das Essen eine große Rolle. Jede Mahlzeit wurde zu meiner großen Freude mit einem Dessert gekrönt. Syster nahm uns auch zu Picknicks mit, die bisweilen sogar auf einem Boot stattfanden. Sie zählen zu meinen schönsten Kindheitserinnerungen. Syster gab sich beim Kochen besondere Mühe, und so wurden die finnischen Spezialitäten immer von wunderbaren Nachspeisen und Kuchen begleitet. Eines der Rezepte habe ich wiedergefunden.

Systers ländliche Apfeltarte

Für 6 Personen

ZUBEREITUNGSZEIT – 35 Minuten
RUHEZEIT – 1 Stunde
BACKZEIT – 45 Minuten

ZUTATEN
- 125 g Butter
- 1 EL Schweineschmalz
- 250 g Mehl
- 1 Ei
- 2 EL Zucker
- 1 Prise Salz
- 3 EL Eiswasser
- 4–5 Äpfel
- 1 Handvoll Rosinen
- 1 Handvoll Walnusskerne
- 1 TL Zimt
- 1 EL Rohrzucker
- 5 EL Aprikosenmarmelade

Zubereitung

Das Mehl in eine Schüssel geben. Eine Vertiefung in die Mitte drücken und Butter und Schmalz in kleinen Stücken und zum Schluss das Ei hineingeben. Darüber Zucker und Salz streuen. Das Ganze mit den Händen verkneten, dabei das Eiswasser zugießen. So lange kneten, bis ein fester Teigklumpen entstanden ist. Mindestens 1 Stunde in den Kühlschrank stellen. Dann den Teig auf einer bemehlten Arbeitsfläche ausrollen. Die Backform einfetten und den Teig hineingeben.
Am Boden und an den Seiten festdrücken und im auf 180 °C vorgeheizten Ofen 45 Minuten backen. Apfelschnitze und Walnusskerne auf der Tarte verteilen, dann mit Rosinen, Rohrzucker und Zimt bestreuen.
Zum Schluss mit verdünnter Aprikosenmarmelade bestreichen.
Möglichst lauwarm servieren. Die Tarte schmeckt aber auch kalt, zum Beispiel am nächsten Morgen zum Frühstück.
Zu festlichen Anlässen garniere ich die Tarte mit ofenfrischen Baisers und gerösteten Mandelblättchen.

Tipp: Die Tarte kann jederzeit eingefroren werden.
Vorsichtig im Ofen auftauen.

Als Kind war das festliche Abendessen nach der Mitternachtsmesse für mich der Höhepunkt des Weihnachtsfestes. Ob wir gerade in Norwegen, in Italien oder in Frankreich waren, spielte dabei keine Rolle. Über dem mit einer weißen Decke, Kugeln und bunten Bändern festlich eingedeckten Tisch hing ein Mistelzweig. Als Abschluss des Festessens durfte der Panettone, der typische italienische Weihnachtskuchen, nicht fehlen. Dazu gab es heiße Schokolade. Manchmal überraschte uns Syster auch mit einer finnischen Weihnachtsspezialität – Zimtreis mit „Pepparkakars", kleinen Gewürzbiskuits.

Finnischer Reisbrei

Für 6 Personen

ZUBEREITUNGSZEIT – 15 Minuten
KOCHZEIT – 75 Minuten

ZUTATEN
180 g Rundkornreis
50 g Butter
1 1/4 l Milch
1 Prise Salz
150 g Zucker
Zimt

Zubereitung

Den Reis in einem Topf mit 250 ml Wasser etwa 5 Minuten kochen. Mit 1 Liter heißer Milch und etwas Salz verrühren und in eine eingefettete Auflaufform geben. Bei 180 °C etwa 75 Minuten garen. Den Reisbrei mit Zucker und Zimt bestreuen, 250 ml kalte Milch darübergeben und servieren.

Das ist ein einfaches, aber effektvolles Dessert. Wenn ich nicht mehr als vier Gäste erwarte, rechne ich die Hälfte einer kleinen Ananas pro Person. Bei größeren Anlässen ist die Präsentation der Ananashälften auf großen Platten wie bei einem Büffet auch ein Genuss für die Augen.

Ananas surprise

Für 4 Personen

ZUBEREITUNGSZEIT – 15 Minuten
BACKZEIT – 5 Minuten

ZUTATEN
2 EL Mandelblättchen
2 kleine Ananas
Verschiedene Früchte
(Birnen, Bananen, Kiwis, Kirschen, Erdbeeren etc.)
4 EL feiner Zucker
2 Eiweiß
1 Prise Salz

Zubereitung

Den Grill im Backofen vorheizen. Die Mandelblättchen in der Pfanne ohne Fett bei niedriger Hitze leicht anrösten. Die Ananas der Länge nach halbieren, die Blätter nicht entfernen. Die Hälften aushöhlen, ohne die Schale zu beschädigen. Das Fruchtfleisch in Würfel schneiden und mit den anderen geschälten und gewürfelten Früchten mischen. Rote Früchte ergeben dabei einen hübschen Farbkontrast. Mit 3 EL Zucker bestreuen. Die ausgehöhlten Ananashälften mit dem Obstsalat füllen. Das Eiweiß mit dem restlichen Zucker und dem Salz sehr steif schlagen. Die Ananashälften mit der Baisermasse überziehen und im sehr heißen Ofen grillen, bis das Baiser eine goldgelbe Farbe annimmt. Vorsicht: Das Baiser wird sehr schnell braun. Sofort servieren. Bei den Früchten orientiere ich mich am saisonalen Angebot. Manchmal kröne ich die Ananashälften noch mit 1–2 Kugeln Vanilleeis.

Ascanio hat als Einziger unserer drei Söhne meine Vorliebe für Süßspeisen geerbt. Sein Favorit ist das geeiste Soufflé. Jedes Mal, wenn er uns in Vaux besucht, kommt dieses Dessert auf den Tisch, natürlich auch zum Geburtstag. Das Soufflé passt zu jeder Gelegenheit. Ich serviere es immer in eleganten Silberschalen, die ich von meiner Großtante Sommier geerbt habe. Noch besser schmeckt das Soufflé mit heißer Schokoladensauce oder einer Sauce aus roten Früchten.

Geeistes Soufflé mit Himbeersauce

Für 6–8 Personen

ZUBEREITUNGSZEIT – 45 Minuten
RUHEZEIT – 4 Stunden

ZUTATEN
Für das Soufflé
500 g feiner Zucker
600 g süße Sahne
16 Eigelb
8 Eiweiß
1 TL Vanillepulver
1 Handvoll gehackte Mandeln

Für die Himbeersauce
1 kg Himbeeren
500 g Zucker

Zubereitung

Den Zucker auf kleiner Flamme in 2 Gläsern Wasser schmelzen und leicht karamellisieren. Die Sahne steif schlagen. Die Eier trennen und 8 Eiweiß beiseitestellen. Mit dem Handmixer die 16 Eigelb schaumig schlagen und nach und nach die schon etwas abgekühlte Zuckermasse dazugeben. So lange schlagen, bis die Masse völlig erkaltet ist. Dann die Schlagsahne, das zu sehr steifem Schnee geschlagene Eiweiß und das Vanillepulver hinzufügen. Eine Souffléform so mit Backpapier auslegen, dass etwa 2 cm am Rand überstehen. Einen tiefen Teller gestürzt in die Form legen und die Masse darübergießen. 4 Stunden in das Gefrierfach stellen. Die Konsistenz des Soufflés sollte cremig-schaumig sein. Kurz vor dem Servieren das Backpapier entfernen. Mit gerösteten Mandelsplittern bestreuen.

Himbeersauce

Die Himbeeren mit dem Zucker aufkochen und etwa 20 Minuten köcheln lassen. Durch ein Sieb streichen und einige ganze Himbeeren dazugeben. Die Sauce lässt sich gut vorbereiten. Vor dem Servieren erwärmen.

Im Oktober verspricht mein Obstgarten reiche Ernte. Es ist eine wahre Freude, die Äpfel und Birnen zu pflücken und daraus leckere Desserts zu zaubern. Übrigens bekam ich für diese drei Desserts die ersten Komplimente meines Mannes, was meine Kochkünste angeht.

Birne und Apfel

Für 2 Personen

ZUBEREITUNGSZEIT – 15 Minuten
KOCHZEIT – 15 Minuten

ZUTATEN
1 Apfel
1 Birne
25 g Butter
2 EL brauner Zucker
1 TL Zimt
1 EL eingeweichte Rosinen
1 EL grob gehackte Walnusskerne
1 EL Aprikosengelee

Zubereitung

Den Apfel und die Birne schälen, entkernen und wie für einen Kuchen in dünne Schnitze schneiden. Die Butter in einer Pfanne schmelzen, die Früchte hinzugeben und gleichmäßig anbräunen. Mit braunem Zucker und Zimt bestreuen. Nach der Hälfte der Garzeit die Rosinen und die Nüsse hinzufügen. Sobald die Apfelschnitze goldgelb sind und sich auf dem Pfannenboden eine leicht karamellisierte Schicht Fruchtsauce gebildet hat, alles auf einem Teller anrichten und mit dem erwärmten Aprikosengelee überziehen. Lauwarm servieren. Dazu Schlagsahne und braunen Zucker reichen.

Apfelflan

Für 2 Personen

ZUBEREITUNGSZEIT – 10 Minuten
BACKZEIT – 10–15 Minuten

ZUTATEN
1 großer Apfel (Kanadareinette oder Boskoop)
1 Ei
2 EL Mehl
1 Glas Milch
1 EL brauner Zucker
1 Prise Zimt oder Vanillepulver
2 EL Johannisbeergelee

Zubereitung

Den Ofen auf 180 °C vorheizen. Den Apfel schälen, entkernen, in nicht zu dünne Scheiben schneiden und in eine Auflaufform geben. Milch, Mehl und Ei verrühren und die Apfelscheiben damit übergießen. Mit braunem Zucker, Zimt oder Vanillepulver bestreuen. Im Ofen bei 180 °C etwa 10–15 Minuten goldgelb backen. Aus dem Ofen nehmen und mit lauwarmem Johannisbeergelee bestreichen. Sofort servieren.

Gerne erinnere ich mich an unser Bistro in Vaux, um das ich mich auf Wunsch meines Mannes kümmerte. Dort machte ich meine ersten praktischen Erfahrungen als Köchin. Anfangs musste ich mich mit Hilfe von Kochbüchern und Rezepten meiner Schwiegermutter durchmogeln, und es gab durchaus Gäste, die Kritik an meinen Kochkünsten übten. Mit Recht!
Eines Tages fuhren überraschend fünf Reisebusse mit zweihundertfünfzig Fahrgästen auf den Schlosshof, die alle verköstigt werden wollten. An diesem grauen Tag hatte ich mit einem ruhigen Geschäft gerechnet, für einen solchen Ansturm war ich nicht gewappnet. Zum Glück war die Tiefkühltruhe gut gefüllt, aber es fehlte ein Dessert. Was tun? Fieberhaft durchstöberte ich den Vorratsschrank und entdeckte Cornflakes und einige Gläser Apfelmus. Daraus improvisierte ich dieses Rezept. Und zu meiner Überraschung wurde es ein Erfolg! Die Gäste waren zufrieden und die Apfeltarte Bistrot wurde später einer meiner Klassiker.

Apfeltarte Bistrot

Für 6 Personen

ZUBEREITUNGSZEIT – 25 Minuten
BACKZEIT – 30 Minuten

ZUTATEN
Mürbeteig *(Rezept siehe Seite 154)*
250 g Apfelmus
3 TL Zimt
250 g Cornflakes
125 g Zucker
100 ml Crème fraîche

Zubereitung

Den Ofen auf 210 °C vorheizen und den Mürbeteig 10 Minuten blind backen *(siehe Seite 75)*, dann die Temperatur auf 180 °C reduzieren und weitere 10 Minuten backen, bis er goldgelb ist. Apfelmus, Zimt und Cornflakes darauf verteilen. Den Zucker mit 2 EL Wasser karamellisieren, dann die Crème fraîche dazugeben. Diesen Sirup auf die Cornflakes gießen, um eine gleichmäßige Kruste zu erhalten. Einige Minuten im Ofen grillen.

SEITE 99 Musikalische Motive auf der Wandvertäfelung des Büffetsaals.
GEGENÜBER Lusia, meine versierte Mitarbeiterin in der Küche, ohne die ich meine Familie und meine Freunde nie so oft hätte verwöhnen können, hier zusammen mit meinem treuen Hund Hunt.

Selbst als sie noch ganz klein waren, haben mir meine Kinder zu Weihnachten und zum Geburtstag immer etwas in Herzform geschenkt. Heute bewahre ich diese kleinen Kostbarkeiten, die mich an die Liebe meiner Kinder erinnern, sorgfältig in meinem Zimmer auf. Aus Dankbarkeit backe ich ihnen einen Kuchen, natürlich in Herzform.

Das Herz

Für 2 Personen

ZUBEREITUNGSZEIT – 10 Minuten
BACKZEIT – 20 Minuten

ZUTATEN
75 g Bitterschokolade (70% Kakaoanteil)
35 g Butter
50 g Zucker
2 Eier
1 gehäufter EL Mehl
Eine herzförmige Backform

Zubereitung

Den Ofen auf 150 °C vorheizen. Die zerkleinerte Schokolade in einer Schüssel auf der Klappe des geöffneten Backofens schmelzen. Die Butter in kleinen Stücken hinzufügen und zu einer homogenen Masse verrühren. Zucker, Eigelb und Mehl einrühren. Das Eiweiß zu steifem Schnee schlagen und vorsichtig unterheben. Die Schokoladen-Ei-Masse in eine mit Alufolie ausgekleidete herzförmige Backform geben.
Etwa 20 Minuten backen. Kalt servieren.

In der Küche der italienischen Botschaft in Oslo sahen Syster und ich unserem Koch Denis gerne über die Schulter. Der Franzose war ein vehementer Verfechter der klassischen *grande cuisine* seiner Heimat. Von der norwegischen Küche habe ich deshalb bis auf das Norwegische Omelett fast nichts kennengelernt. Anlässlich eines Empfangs präsentierte Denis *seine* Linzer – eine himmlische Torte, die mit der berühmten österreichischen Linzer Torte bis auf den Zimtgeschmack und die rote Marmelade nichts gemein hat...

Linzer

Für 8 Personen

ZUBEREITUNGSZEIT – 20 Minuten
BACKZEIT – 30–35 Minuten

ZUTATEN
60 g Zucker
1 großes Ei
220 g weiche Butter
Zesten von 1 Zitrone
1 TL Zimt
300 g Mehl
250 g Himbeerkonfitüre
1 Eigelb
Puderzucker

Zubereitung

Den Ofen auf 180 °C vorheizen. Ein Backblech oder eine niedrige Auflaufform einfetten. Zucker, Ei, Butter, Zitronenzesten und Zimt mischen. Das Mehl hinzugeben und das Ganze gut durchkneten. Den Teig halbieren und flach ausrollen. Ein Teigstück auf das Backblech legen und die Konfitüre darauf verteilen. Das zweite Teigstück darauflegen und die Seitenränder gut verschließen, damit die Konfitüre beim Backen nicht herausquillt. Die Teigoberfläche mit dem Eigelb einpinseln. 25 Minuten backen, bis die Oberfläche goldgelb ist. Wenn nötig, die Backzeit um 5–10 Minuten verlängern. Abkühlen lassen, auf eine Platte stürzen und mit Puderzucker bestäuben. Mit Crème fraîche servieren. Der Kuchen sollte nicht dicker als 1 cm sein.

Sie sollten nicht zu viele Gäste haben, wenn Sie dieses Omelett auf den Tisch bringen wollen. Es sei denn, Sie können mit zwei Pfannen gleichzeitig hantieren. Aber davon rate ich ab, denn Sie müssen schnell und präzise arbeiten.
Dieses Gericht ist ein Zufallsprodukt. Ich wollte ein Omelett zubereiten und hatte aus Unachtsamkeit das Eiweiß zu Schnee geschlagen. Was tun? Ohne lange zu überlegen, mischte ich den Eischnee unter das Eigelb und ließ die Masse nur kurz in der Pfanne, das Omelett sollte in der Mitte noch etwas flüssig sein. Ein voller Erfolg, meine Gäste waren begeistert. Mein Mann taufte dieses Gericht auf den Namen.

Jesuskind in der Samthose

Für 4 Personen

ZUBEREITUNGSZEIT – 10 Minuten
BACKZEIT – 5 Minuten

ZUTATEN
2 Eier
50 g Zucker
1 Prise Vanillepulver
1 Prise Salz
Etwas Butter
Puderzucker

Zubereitung

Die Eier trennen. Das Eigelb mit dem Zucker und dem Vanillepulver schaumig rühren. Das Eiweiß mit dem Salz zu sehr steifem Schnee schlagen. Vorsichtig unter die Eimasse heben, damit der Schnee nicht zusammenfällt. Die Butter in einer Pfanne zerlassen und die Eimasse hineingeben. So lange backen, bis das Omelett an der Unterseite knusprig goldgelb bis braun ist. Innen sollte es noch weich sein. Das Omelett auf einen Teller stürzen, mit Puderzucker überstreuen und sofort servieren. Als Überraschungseffekt kann man die Eimasse während des Backens mit Schokoladensauce verfeinern.

Meine Mutter war Russin. Ich glaube, das folgende Rezept stammt aus ihrer Heimat. Egal, wo wir gerade wohnten – zur Zeit der Apfelernte war es ein Muss. Als Kind stellte ich mir immer vor, wie Äpfel im Schlafrock herumhüpfen. Für dieses Rezept verwende ich große Äpfel aus meinem Garten.

Äpfel im Schlafrock

Für 4 Personen

ZUBEREITUNGSZEIT – 10 Minuten
BACKZEIT - 70 Minuten

ZUTATEN
4 Kochäpfel
200 g Trockenfrüchte und Nüsse (Datteln, Rosinen, Mandeln oder Haselnüsse)
Saft von 1 Orange
80 g Zucker
½ TL Zimt
4 nussgroße Stücke Butter

Für das Baiser
2 Eiweiß
80 g Zucker

Für die Schokoladensauce
90 g schwarze Kuvertüre
60 g Vanillezucker
1 Eigelb

Zubereitung

Den Ofen auf 180 °C vorheizen. Die Äpfel aushöhlen und nebeneinander in eine Auflaufform setzen. Mit Trockenfrüchten, Nüssen und Orangensaft füllen und mit Puderzucker und Zimt bestäuben. Auf jeden Apfel eine Nuss Butter setzen. Wasser fingerbreit in die Form gießen und die Äpfel etwa 1 Stunde backen. Die Früchte dabei immer wieder mit ihrem Saft übergießen. 15 Minuten vor Ende der Backzeit aus dem Ofen nehmen. Das Eiweiß zu steifem Schnee schlagen, dabei den Zucker langsam einrieseln lassen. Die Äpfel mit dem Eischnee krönen. Wieder in den Ofen schieben und weitere 15 Minuten backen. Vorsicht: Das Baiser darf nur leicht gebräunt sein. Die Kuvertüre im Wasserbad schmelzen. Vom Herd nehmen, den Vanillezucker und das Eigelb dazugeben und gut verrühren. Die Äpfel netzförmig mit der Schokoladensauce verzieren. Lauwarm oder kalt servieren. Ich habe das Baiser und die Schokoladensauce schon oft durch gesüßte Schlagsahne oder leicht erwärmten Honig ersetzt. Manchmal habe ich statt der Schokolade auch Karamell genommen. Und zwar hellen Karamell, der noch heiß netzartig über die Äpfel gesponnen wird.

Im Sommer liefert unser Garten Erdbeeren im Überfluss. Kaum geerntet, werden sie auch schon verputzt, entweder einfach so oder mit Schlagsahne oder Englischer Creme garniert. Wenn die Früchte schon überreif sind oder Druckstellen haben, verwenden wir sie zum Kochen, sehr zum Unwillen der Kinder. Lusia und ich haben ein köstliches Lebkuchendessert mit Erdbeeren erfunden, das auf einem alten Rezept aus der Toskana basiert.

Lebkuchen mit Erdbeeren

Für 6 Personen

ZUBEREITUNGSZEIT – 25 Minuten
BACKZEIT – 50 Minuten

ZUTATEN
350 g große Erdbeeren
100 g Zucker
4 Eier
300 g Mascarpone
1 TL Zimt
1 Prise Vanillepulver
100 g Lebkuchen
100 g gehackte Mandeln
20 g gezuckerter Kakao
Etwas Butter
40 g Mandelsplitter

Zubereitung

Die Erdbeeren kurz waschen, der Länge nach teilen und mit Zucker bestreuen. Die Eier mit dem restlichen Zucker schaumig rühren, dann unter ständigem Rühren den Mascarpone hinzugeben und mit Zimt und Vanille aromatisieren. 2/3 der Mascarpone-Ei-Creme in den Mixer füllen und den zerbröselten Lebkuchen, die gehackten Mandeln sowie den Kakao dazugeben. Kurz zu einer homogenen Masse verquirlen und in eine gefettete Backform geben. Die Hälfte der Erdbeeren, dann die restliche Mascarpone-Ei-Creme und schließlich die zweite Hälfte der Erdbeeren in Schichten darauf verteilen. Den Ofen auf 150 °C vorheizen und 50 Minuten backen. Die Mandelsplitter im Ofen leicht anrösten und über den Kuchen streuen. Lauwarm servieren.
Wenn Sie Lebkuchen nicht mögen, können Sie auch Gewürzkuchen verwenden, der schon etwas altbacken sein sollte.

Eiscreme liebe ich über alles. Der Supermarkt bietet ein breit gefächertes Sortiment. Am besten schmeckt Eis, wenn es schön cremig-weich ist. Deshalb stelle ich es vor dem Servieren kurz in die Mikrowelle. Hier eine Sauce, die hervorragend zu Eis passt.

Lebkuchensauce

Für 4 Personen

ZUBEREITUNGSZEIT – 15 Minuten

ZUTATEN
60 g Zucker
Saft von ½ Orange
1 TL Zitronensaft
250 ml süße Sahne
50 g Lebkuchen

Zubereitung

Den Zucker mit Orangen- und Zitronensaft goldgelb karamellisieren und die Sahne unter ständigem Rühren hinzufügen. Vom Herd nehmen, sobald die Sauce zu kochen beginnt. Den Lebkuchen in Stücke brechen, hinzugeben und das Ganze im Mixer verquirlen.

GEGENÜBER
In der Verlängerung des Speisesaals befindet sich der Büffetsaal mit Gewölbedecke. Hier wurden die Speisen warm gehalten, die aus der Küche nach oben kamen. Heute wird hier kunstvolles Tafelgeschirr aus Gold ausgestellt.

Von meinen USA-Reisen sind mir vor allem die köstlichen Süßspeisen noch gut in Erinnerung. Besonders angetan haben es mir die exotischen Zutaten wie Nelken, Kokosnuss, Pekannüsse und der Ahornsirup, der oft an Stelle von Zucker verwendet wird. In Vaux habe ich versucht, diese Vielfalt an Aromen in unsere Desserts zu integrieren. Ich habe viel ausprobiert und meine Familie des Öfteren verblüfft. Von diesem Originalrezept aber waren alle sofort begeistert.

Gestürzter Birnenkuchen

Für 6–8 Personen

ZUBEREITUNGSZEIT – 30 Minuten
BACKZEIT – 45–55 Minuten

ZUTATEN
Für die Birnen
70 g Butter
100 g brauner Zucker
1 EL Wasser oder Birnensirup
450 g Birnen oder 1 Dose Birnenhälften in Sirup

Für den Teig
200 g Mehl
210 g brauner Zucker
70 g Zucker
2 TL Backpulver
1 TL Zimt
1 Prise Salz
1 Gewürznelke
300 ml Milch
100 g Butter

Zubereitung

Die Butter in einer Auflaufform schmelzen, braunen Zucker und Wasser oder Birnensaft hinzufügen und verrühren. Die Birnenhälften so in die Form setzen, dass die Spitzen zur Mitte zeigen. Für den Teig alle Zutaten im Mixer verrühren, bis eine geschmeidige Masse entstanden ist. Gleichmäßig über die Birnenhälften verteilen. Bei 180 °C 45–55 Minuten backen, bis sich die Mitte des Kuchens nach Daumendruck wieder aufrichtet. 2 Minuten abkühlen lassen, dann auf eine Kuchenplatte stürzen und warm servieren.

Zwischen zwei Botschafterposten war mein Vater einige Monate lang Minister. Während dieser Zeit in Rom wohnten wir in einer kleinen Wohnung in der Via S. Eligio, gegenüber einer Kirche, deren Fassade Michelangelo zugeschrieben wird. Wir fühlten uns wie auf der Durchreise. Meine Mutter bereitete meinen Debütantinnenball vor, während ich mich ein bisschen langweilte. Aus Zeitvertreib begann ich zu kochen. Mir fehlte jede praktische Erfahrung und vor allem Geduld. Eines Tages wollte ich etwas mit Grieß zubereiten. Nach dem Rezept hätte ich den Grieß langsam im Wasserbad kochen müssen, aber ich kürzte das Ganze ab und ließ das Quellen im Backofen einfach weg – die „Kindheitserinnerung" war geboren.

Kindheitserinnerung

Für 4 Personen

ZUBEREITUNGSZEIT – 10 Minuten
KOCHZEIT – 10 Minuten
RUHEZEIT – 1 Stunde

ZUTATEN
50 g Schokolade
500 ml Milch
100 g Zucker
1 Prise Vanillepulver
100 g Grieß
50 g Butter
2 Eier
50 ml Crème fraîche
Nach Belieben 50 g Rosinen

Zubereitung

Den Ofen auf 150 °C vorheizen. Die Schokolade schmelzen. Die Milch mit dem Zucker und der Vanille aufkochen lassen, den Grieß hinzugeben und mit einem kleinen Schneebesen 10 Minuten rühren. Vom Herd nehmen, die Butter in kleinen Stücken, die geschmolzene Schokolade, das Eigelb und zuletzt die Crème fraîche hinzugeben und gut verrühren. Wer möchte, kann noch die zuvor in lauwarmem Wasser oder Tee eingeweichten Rosinen hinzufügen. Die Masse in eine Schüssel füllen und 1 Stunde in den Kühlschrank stellen.
Um den Grießbrei luftiger zu machen, kann man das Eiweiß zu steifem Schnee schlagen und vorsichtig unterheben.
Für eine weitere Variante schichtet man Grießbrei, zerbröckelte Macarons und dann wieder Grießbrei übereinander.

GEGENÜBER
Das Vorzimmer des Herkules, der erste Raum der Wohnung Nicolas Fouquets.

GEGENÜBER
Mit Zucker überzogene Rosen, die zum Trocknen aufgehängt sind – eine raffinierte Dekoration für die Île flottante mit Zuckermandeln und Englischer Crème *(siehe Seite 116)*.

Egal, in welchem Land ich gerade gelebt habe – ich hatte immer das Glück, gute Freunde zu haben. Ob Franzosen, Norweger oder Italiener – alle waren von meiner Buchidee begeistert und haben mir postwendend ihre Lieblingsrezepte geschickt. Ein Beweis ihrer Freundschaft!

Rezepte von Freunden

Wie lange ich Anne de Fayet schon kenne? Ich weiß es nicht genau, aber unsere Freundschaft ist eine Freundschaft fürs Leben. Ich habe Anne als feinfühlige, charmante und weltgewandte Frau kennen und schätzen gelernt. Egal, ob hochgestellte Persönlichkeiten oder Menschen wie du und ich – sie behandelt alle mit der gleichen Zuvorkommenheit. Die Menüs, mit denen sie ihre Gäste verwöhnt, sind stets einfach, doch gleichwohl voller Raffinesse. Ihr Lieblingsrezept kommentierte sie wie folgt: „Eine Erinnerung an die Sologne. Dieses Rezept ist ein Gaumen- und Augenschmaus zugleich."

Île flottante* mit Zuckermandeln und Englischer Creme

Für 6 Personen

ZUBEREITUNGSZEIT – 40 Minuten
BACKZEIT – 30 Minuten
RUHEZEIT – 1 Stunde
TROCKENZEIT DER BLÜTEN – 2 Stunden

ZUTATEN

Für die kandierten Blüten
2 Rosen, unbehandelt
1 Eiweiß
50 g Kristallzucker

Für die Englische Creme
500 ml Vollmilch
1 Vanilleschote
1 Prise Salz
6 Eigelb
100 g Zucker
1 TL Matchateepulver

Für die Île flottante
11 gehäufte EL Zucker
Saft von ½ Zitrone
70 g Pralines roses (Zuckermandeln)
6 Eiweiß
1 Prise Salz

Zubereitung

Die kandierten Blüten

Die Blütenblätter einer Rose abzupfen. Das Eiweiß leicht schaumig schlagen, den Zucker in eine kleine Schüssel geben. Die Blütenblätter mit Hilfe einer Pinzette erst in den Eischnee, dann in den Zucker tauchen. Mit der zweiten Rose genauso vorgehen, die Blüte aber ganz lassen. 2 Stunden trocknen lassen.

Die Englische Creme

Die Milch mit der aufgeschlitzten Vanilleschote und dem Salz aufkochen lassen. Eigelb mit Zucker cremig rühren, unter ständigem Rühren die heiße Milch zugeben. Die Creme in den Topf zurückgießen und unter ständigem Rühren erhitzen. Achtung: Die Creme darf keinesfalls aufkochen. Die Creme ist fertig, wenn sie den Löffel deutlich überzieht. Den Topf in kaltes Wasser stellen und das Teepulver unterrühren. Die Creme abkühlen lassen und 1 Stunde in den Kühlschrank stellen.

Die Île flottante

Eine Kuchenform mit 22 cm Durchmesser mit 6 EL Zucker ausstreuen. Mit dem Saft einer halben Zitrone beträufeln. Auf den Herd stellen und bei mittlerer Hitze leicht karamellisieren. Vom Herd nehmen und den Karamell gleichmäßig verteilen, auch an den Seitenwänden der Form. Die Zuckermandeln in ein Küchentuch geben und mit einem Nudelholz zerbröckeln. Den Ofen auf 150 °C vorheizen. Eiweiß mit Salz zu sehr steifem Schnee schlagen. Sobald der Schnee fest zu werden beginnt, 1 EL Zucker zugeben. Wenn der Schnee richtig fest ist, in 2 Etappen den restlichen Zucker zugeben. Noch 2 Minuten weiterschlagen. Die Zuckermandeln vorsichtig unterheben. Die Masse in die Kuchenform mit dem Karamell füllen und im Wasserbad 20 Minuten im Ofen backen. In der Form abkühlen lassen und die Île flottante im letzten Moment auf eine Servierplatte stürzen. Mit den kandierten Blütenblättern und der kandierten Rose garnieren. Dazu die Englische Creme reichen.

** Île flottante, wörtlich „schwimmende Insel", eine leichte Süßspeise aus gezuckerten Eischneeballen und einer Creme.*

Das Schloss von Fleury befindet sich im Besitz der drei Brüder de Ganay, allesamt begeisterte Jäger, deren Jagdtrophäen die Wände schmücken. Charles de Ganay verbringt einen Teil des Jahres in Uruguay und jedes Mal, wenn er nach Fleury zurückkehrt, lädt er seine Freunde zu einem großen Büffet ein. Bei einem der Festessen wurde eine himmlische Mousse au chocolat serviert. Charles gab mir das Rezept und empfahl, die Mousse keinesfalls im Kühlschrank aufzubewahren, sondern sie erst kurz vor dem Servieren zuzubereiten. Ich verlieh ihr den Namen „Schokotraum".

Schokotraum

Für 4 Personen

ZUBEREITUNGSZEIT – 20 Minuten

ZUTATEN
60 g Butter
125 g Bitterschokolade (70% Kakaoanteil)
3 Eier
50 g Zucker

Zubereitung

Die Butter und die Schokolade schmelzen und zu einer homogenen Masse verrühren.
Die Eier trennen. Das Eigelb nach und nach unter die lauwarme Schokolade rühren.
Das Eiweiß zu sehr steifem Schnee schlagen, dabei nach und nach den Zucker zugeben.
Den Eischnee löffelweise unter die Schokolade heben.
Sie können die Mousse auch mit Nuss- oder Mandelschokolade zubereiten, dann hat sie mehr Biss. Im Prinzip eignet sich jede Schokolade.
Noch raffinierter wird das Dessert mit etwas geriebener Orangenschale.
Mit einem Salat aus frischen Orangen servieren.

Das Wappen von Nicolas Fouquet, dem Erbauer von Vaux-le-Vicomte, zierte ein Eichhörnchen. Im Dialekt von Anjou bedeutete Fouquet nämlich „Eichhörnchen". Das Wappentier findet sich überall im Schloss wieder. Auch in unserer kleinen Boutique gibt es Eichhörnchenfiguren und diverse Süßigkeiten, die einen Bezug zum Wappentier haben – Haselnusscreme, Haselnusskekse oder Haselnussschokolade. Für unser Restaurant habe ich mir Haselnussdesserts ausgedacht, zum Beispiel den Eichhörnchenkuchen, auf dem ein kleines Schokoladeneichhörnchen sitzt. Hier ein weiteres Haselnussrezept, das mir Éric Naudin, der seit 18 Jahren bei mir arbeitet, überlassen hat. Éric hilft mir im Laden und baut mich moralisch wieder auf, wenn mal wieder alles schiefgeht. In Erinnerung an Fouquet hat er das Dessert „Haselnussschaum" genannt.

Haselnussschaum

Für 6 Personen

ZUBEREITUNGSZEIT – 30 Minuten
BACKZEIT – 40 Minuten

ZUTATEN
125 g Zucker
4 Eigelb
40 g gemahlene Haselnüsse
50 g Mehl
50 g Speisestärke
3 Eiweiß
Puderzucker

Zubereitung

In einer Schüssel Zucker und Eigelb zu einer cremigen Masse verrühren und die gemahlenen Haselnüsse dazugeben. Das Eiweiß zu Schnee schlagen. Mehl und Speisestärke durchsieben, vorsichtig mit dem Eischnee mischen und dann zur Eigelbmasse geben. Der Eischnee darf nicht zusammenfallen. Das Ganze in einer gefetteten und bemehlten Form bei 150 °C etwa 40 Minuten backen. Kräftig mit Puderzucker bestreuen.

Laurence Detroyat ist eine Freundin aus Kindertagen. Sie lebt abwechselnd im Departement Sarthe, wo sie Jagden ausrichtet, oder im Süden, gegenüber von Fort Brégançon. Bei ihren Festen und Empfängen stimmt einfach alles. Atmosphäre, Dekoration und Menü ergänzen sich perfekt. Auch dieses Rezept beweist das – es ist eine Freude für die Augen wie für den Gaumen.

Rosa Grapefruit-Tarte

Für 6–8 Personen

ZUBEREITUNGSZEIT – 70 Minuten
RUHEZEIT – 1 Stunde
BACKZEIT – 25 Minuten

ZUTATEN

Für den Teig

250 g Mehl
1 Prise Salz
125 g Puderzucker
125 g leicht gesalzene Butter
2 Eigelb

Für die Grapefruit-Orangen-Creme

200 ml Orangensaft
200 ml Grapefruitsaft
100 g feiner Zucker
3 Eier
3 Eigelb
2 Blatt Gelatine
120 g Butter

Für den Belag

3 große fleischige rosa Grapefruits
50 g Bitterschokolade (70% Kakaoanteil)
Aprikosengelee
Frische Minzeblätter

Zubereitung

Den Teig am besten am Tag vorher zubereiten. Mehl, Salz und Puderzucker mischen und in die Mitte eine Vertiefung drücken. Das Eigelb mit 1 TL Wasser verquirlen und mit der weichen Butter in kleinen Stücken in die Mulde geben. Sofort mit den Fingerspitzen zu einem Teig verkneten. Mit dem Handteller flach drücken, zu einer Kugel formen und eine halbe Stunde in den Kühlschrank stellen. Dann den Teig in eine Form geben, mit der Gabel die Oberfläche leicht anstechen und mit Alufolie oder Backpapier abdecken. Eine Stunde ruhen lassen, dann etwa 25 Minuten bei 180 °C backen. Die Folie oder das Backpapier am Ende der Backzeit entfernen.
Während der Teig ruht, die Creme zubereiten. Grapefruit- und Orangensaft aufkochen. Zucker, Eier und Eigelb verquirlen und den heißen Saft darübergießen. Das Ganze nochmals aufkochen. So lange schlagen, bis die Flüssigkeit dick wird. Die zuvor in kaltem Wasser aufgelöste Gelatine und die Butter unterrühren. Dann die Masse in eine Schüssel geben. Die Grapefruits schälen, die weiße Haut entfernen und die Filets herauslösen. Die Schokolade im Wasserbad schmelzen und auf den Tarteboden streichen. Darüber die lauwarme Creme geben und ganz abkühlen lassen. Die Grapefruitfilets gleichmäßig darauf verteilen. Wer möchte, kann noch Aprikosengelee darübergeben.
Mit Minzeblättern garnieren.

Xavier Guerrand-Hermès habe ich auf Schloss Anet kennengelernt. Anlass war die Aufnahme des Schlossherrn Jean de Yturbe in die Ehrenlegion. Jean und seine Frau Sandy hatten an diesem Abend einige Freunde eingeladen. Von Xavier war ich sofort beeindruckt, vor allem als er von Marokko schwärmte. Dort, in seinem Haus in der Medina von Marrakesch, bewirtet er seine Gäste mit traditionellen marokkanischen Gerichten. Ein Rezept hat er mir verraten...

Kandierte Früchte à la Dar Moulay Boubker

ZUBEREITUNGSZEIT – 15 Minuten
RUHEZEIT – mindestens 2 Stunden
KOCHZEIT – 10 Minuten

Zutaten

Für die kandierte Birne
1 Birne
1 Orange
1 großes Glas Orangensaft
2 EL Honig
1 TL Zimt

Für den kandierten Pfirsich
1 Pfirsich
1 großes Glas Orangensaft
2 EL Honig
1 TL Zimt
Einige geröstete Mandeln

Zubereitung

Die kandierte Birne

Die Birne schälen und die Orange in Scheiben schneiden.
Den Orangensaft mit Zimt und Honig mischen und das Obst 10 Minuten darin kochen lassen. Die gekochte Birne auf einer Orangenscheibe servieren.

Kandierter Pfirsich

Pfirsich, Honig und Zimt 10 Minuten in Orangensaft kochen lassen.
Den Pfirsich anschließend mindestens 2 Stunden in den Kühlschrank stellen.
Mit dem Orangensaft und den gehackten Mandeln servieren.

Als Erster meiner Freunde, die ich um Rezeptvorschläge für dieses Buch gebeten hatte, reagierte Philippe Venet, ein bekannter Modeschöpfer. Er präsentierte ein Dessert, das er auf dem schottischen Schloss von Lady Cawdor genießen durfte. Einfach köstlich und dazu im Handumdrehen zuzubereiten.

Orangensoufflé à la Lady Cawdor

Für 4 Personen

ZUBEREITUNGSZEIT – 15 Minuten
BACKZEIT – 6–8 Minuten

ZUTATEN
125 g Zucker
4 Eier
Zesten von 4 Orangen
4 EL Grand Marnier
4 Orangen
Saft von 1 Orange

Zubereitung

Die Eier trennen. Das Eigelb mit 100 g Zucker schaumig schlagen und Orangenzesten sowie Grand Marnier hinzufügen. Das Eiweiß zusammen mit dem restlichen Zucker zu festem Schnee schlagen. Die Orangen halbieren und aushöhlen. Die Creme in die Orangenhälften füllen. Den Ofen auf 210 °C vorheizen und die Orangen 6–8 Minuten garen. Sobald das Soufflé schön aufgegangen ist, servieren.

Mit Heidi Leuze Schönborn verbindet mich eine lange Freundschaft. Sie ist ein Multitalent – sie ist eine rasante Skifahrerin, hat ein niedriges Handicap beim Golf, spielt hervorragend Bridge und ist nicht zuletzt eine begnadete Köchin. Auch als sie in Kitzbühel ein kleines Hotel betrieb, stand sie immer wieder mit am Herd. Neben anderen Köstlichkeiten verdanke ich ihr auch das folgende Rezept.

Salzburger Nockerln

Für 6 Personen

ZUBEREITUNGSZEIT – 15 Minuten
BACKZEIT – 10–12 Minuten

ZUTATEN
2 Eigelb
1 TL Vanilleessenz
½ TL geriebene Zitronenschale
1 EL Mehl
4 Eiweiß
1 Prise Salz
2 EL Zucker
Puderzucker

Zubereitung

Den Ofen auf 180 °C vorheizen. In einer Schüssel das Eigelb verquirlen und nach und nach mit Vanille, Zitronenschale und Mehl verrühren. Eiweiß, Zucker und Salz zu steifem Schnee schlagen. 1 gehäuften EL Eischnee zur Eigelbmasse geben. Dann umgekehrt die ganze Eigelbmasse vorsichtig unter den Eischnee heben. Eine Auflaufform gut einfetten und 3 Teighäufchen hineinsetzen. 10–12 Minuten in den Ofen schieben. Die Nockerln sollten außen goldgelb und innen cremig-weich sein. Mit Puderzucker bestäuben und sofort servieren.

Von Heidi habe ich auch das Rezept für dieses kleine Gebäck in Croissantform, eine in Tirol sehr beliebte Süßspeise. Ihrer Meinung nach schmecken sie am besten mit einem Jagertee, was Geschmacksache ist...

Tiroler Hörnchen

Für 30 Hörnchen

ZUBEREITUNGSZEIT – 20 Minuten
BACKZEIT – 10–15 Minuten

ZUTATEN
150 g Mehl
100 g weiche Butter
50 g gemahlene Mandeln
1 Eigelb
50 g Puderzucker

Zubereitung

Mehl, Butter, Mandeln und Eigelb zu einem elastischen Teig verkneten. Ausrollen und kleine Hörnchen formen. Ofen auf 180 °C vorheizen und die Hörnchen 10–15 Minuten backen lassen. Noch warm in Puderzucker wälzen.

Meine Cousine Marie Marlas, die wir „Boulie“ nennen, lebt seit dreißig Jahren in den USA. Ihr Ehemann ist Grieche. Wenn sie in ihrem Sommerhaus in Nîmes ist, hat sie ständig Gäste. Sie verbringt ganze Nächte mit der Lektüre von Kochbüchern und lässt sich inspirieren. Als Gastgeberin ist sie legendär. Von ihr stammt dieses Rezept, das ihrer Meinung nach einfach „wunderbar“ ist.

Kandiertes Aprikosenkonfekt

Für etwa 10 Stück

ZUBEREITUNGSZEIT – 30 Minuten
KOCHZEIT – 2 Stunden
RUHEZEIT – 24 Stunden

ZUTATEN
2 Orangen
2 Zitronen
850 g getrocknete Aprikosen
100 g Zucker

Zubereitung

Die Orangen und Zitronen schälen und in sehr kleine Stücke schneiden, die getrockneten Aprikosen raspeln. 25 g Zucker hinzugeben und das Ganze im Wasserbad 2 Stunden köcheln lassen. Die Masse auf einer Porzellanplatte glatt streichen und auskühlen lassen. Am nächsten Tag Kreise ausstechen und mehrmals in Zucker wälzen.

Geneviève Guerlain habe ich durch meine Freundin Anne de Fayet kennengelernt. Beide sind hoch kultiviert und haben den gleichen Sinn für Raffinesse. Geneviève ist ein Schöngeist, liebt Literatur (vor allem Proust) und Malerei, kann sich aber auch stundenlang über Rezepte unterhalten. Einmal im Jahr organisiert sie ein Dessertmenü, bei dem an die zwanzig Desserts serviert werden. Jedes anders, aber perfekt aufeinander abgestimmt. Ein Fest! Hier ihr Lieblingsrezept.

Eistorte Geneviève

Für 6 Personen

ZUBEREITUNGSZEIT – 30 Minuten
RUHEZEIT – 24 Stunden

ZUTATEN
- Flüssiger Karamell
- 4 Eier
- 150 g Zucker
- 250 ml süße Sahne
- 3 große Baisers
- 100 g Bitterschokolade (70% Kakaoanteil)
- 1 Handvoll geröstete Mandelblättchen

Zubereitung

Eine Kuchenform aus feuerfestem Glas mit dem Karamell auskleiden. Die Eier trennen. Das Eigelb in einer Schüssel mit dem Zucker schaumig rühren. Die Sahne steif schlagen und vorsichtig mit der Eimasse vermischen. Wer möchte, kann mit dem Eiweiß selbst Baisers herstellen, man kann sie aber auch fertig kaufen. Die Baisers zerkleinern.
Den erstarrten Karamell mit einer Schicht Eimasse bedecken und Baiserkrümel darüberstreuen. Die Schokolade in etwas Wasser schmelzen und einen Teil über die Baiserschicht gießen. Abwechselnd Eimasse, Baiser und flüssige Schokolade übereinanderschichten, bis alles aufgebraucht ist. In das Gefrierfach stellen. Einige Stunden vor dem Verzehr die Form in heißes Wasser tauchen und den Rand mit einem zuvor angewärmten Messer ablösen. Auf eine Tortenplatte stürzen und wieder in das Gefrierfach stellen. Kurz vor dem Verzehr herausnehmen und mit Mandelblättchen bestreuen. Mit roten Früchten und Himbeersauce servieren. Im Winter passt auch ein frischer Orangensalat dazu.

Mein Sohn Alexandre ist mit Ja, einer lange in London lebenden Inderin, verheiratet. Jetzt wohnt das Paar in Chamonix. Wenn Alexandre von einer Tour als Bergführer zurückkehrt, verwöhnt ihn seine Frau mit traditioneller indischer Küche. Von ihr weiß ich, dass Inder weniger Wert auf Nachspeisen legen, doch dieser Reispudding, „Kheer" genannt, ist einfach köstlich.

Kheer (Reispudding)

Für 4–6 Personen

ZUBEREITUNGSZEIT – 5 Minuten
KOCHZEIT – 90 Minuten

ZUTATEN
10 EL Basmatireis
1 l Milch
2 Kapseln grüner Kardamom, zerstoßen
4 Safranfäden
50 g Zucker
1 EL gehackte Mandeln
Nach Belieben 1EL gehackte Pistazien

Zubereitung

Den Reis waschen. Reis und Milch in einem möglichst beschichteten Topf aufkochen. Dann die Hitze reduzieren, Kardamom und Safran zugeben und etwa 90 Minuten köcheln lassen. Immer wieder umrühren, damit nichts ansetzt, sich keine Haut bildet und eine cremige Masse entsteht. Wenn eine puddingartige Konsistenz erreicht ist, vom Herd nehmen, Mandelsplitter und Zucker unterrühren. Mit Pistazien bestreuen. Warm oder kalt servieren.

Mit Sybil und Henri d'Origny bin ich schon sehr lange befreundet. Henri ist der dienstälteste Designer des Hauses Hermès, ein angenehmer, geistreicher Gesprächspartner. Er hat mir wertvolle Tipps gegeben, als es um das Design des Seidentuchs „Vaux-le-Vicomte" ging, einer der Verkaufsschlager in unserer Boutique. Seine attraktive Frau Sybil ist Amerikanerin und eine gute Kundin meines Sohnes Alexandre, da sie mit Begeisterung Ski fährt, am liebsten im Tiefschnee. Als exzellente Köchin hat natürlich auch sie einen Beitrag zu diesem Buch geleistet. Als sie mich fragte, ob ich mit ihrem Apple-Crumble-Rezept einverstanden wäre, stimmte ich begeistert zu. Und ich wurde nicht enttäuscht. Orange und Ingwer machen diesen Kuchen zu einem Geschmackserlebnis.

Apple Crumble à la Sybil

Für 8 Personen

ZUBEREITUNGSZEIT – 1 Stunde
BACKZEIT – 1 Stunde

ZUTATEN
10 Golden Delicious
Saft von 2 Orangen

Für den Teig
Zesten von 2 Orangen
350 g Zucker
200 g Semmelbrösel
1 Prise Zimt
1 Prise Muskatnuss
1 Prise Ingwerpulver
Leicht gesalzene Butter

Zubereitung

Äpfel schälen, vierteln und entkernen. In einem zugedeckten Topf mit dem Orangensaft so lange köcheln lassen, bis die Apfelstücke durchsichtig sind. Den Deckel abnehmen und noch 1–2 Minuten köcheln lassen, bis der Orangensaft verdampft ist. Die Äpfel in eine feuerfeste Form geben. Zucker, Semmelbrösel, Orangenzesten, Zimt, Muskatnuss und Ingwer mischen und über die Äpfel streuen. 2–3 mm dick mit Butter bestreichen. Die Form in den vorgeheizten Ofen schieben und so lange backen, bis der Belag goldgelb ist. Den Crumble heiß oder lauwarm servieren. Dazu Crème fraîche, Schlagsahne oder Eis reichen.

Sheila de Rochambeau zaubert nicht nur am Herd, sondern auch am Stickrahmen. In wochenlanger mühevoller Arbeit hat sie beispielsweise ein Backgammonspiel selbst gestaltet – ein wahres Glanzstück! Sheila besitzt die größte Kochbuchsammlung, die ich kenne. Aus diesem schier unerschöpflichen Fundus pickt sie immer wieder wunderbare Rezepte heraus. Ich hatte das Glück, ein Wochenende bei ihr in Schottland verbringen zu dürfen – ich kam aus dem Staunen nicht heraus. Hier eines ihrer Highlights.

Blackberry Buss
(Brombeerkuchen)

Für 6 Personen

ZUBEREITUNGSZEIT – 30 Minuten
MARINIERZEIT – 1 Stunde
BACKZEIT – 30 Minuten

ZUTATEN
- 125 g Butter
- 100 ml Milch
- 150 g Zucker
- 1 TL Salz
- 375 g Mehl
- ½ TL Backpulver
- 500 ml süße Sahne
- 1 Prise Zimt
- ½ Tasse Brombeeren
- 5 EL Brombeerlikör
- Einige frische Minzeblätter

Zubereitung

Den Ofen auf 210 °C vorheizen. Eine Springform einfetten. Im Mixer 100 g Butter, die Milch, 100 g Zucker und das Salz verquirlen. Das Mehl durchsieben, mit dem Backpulver mischen und zusammen mit der restlichen Butter in den Mixer geben. So lange kneten, bis eine Teigkugel entstanden ist. Bei Bedarf 1 Esslöffel Milch hinzugeben.
Die Teigkugel zu einem Kreis ausrollen, größer als der Boden der Springform. Den Teig in die Form setzen, ohne ihn auseinanderzuziehen. Den überlappenden Teig umklappen und abschneiden. Achten Sie darauf, dass der Teig nicht eingeschnitten wird, da sonst später der Saft herausläuft. Den restlichen Zucker darauf verteilen. Die Form auf die mittlere Schiene des Ofens stellen. Vorsichtig die Creme auf den gezuckerten Teig gießen, etwas Zimt darüberstreuen. 10 Minuten backen. Danach die Hitze auf 180 °C reduzieren und so lange weiterbacken, bis die Oberfläche goldgelb ist und Blasen wirft. Große Blasen mit einer Messerspitze einstechen, dabei darf der Kuchenboden nicht beschädigt werden. Auf einem Rost abkühlen lassen. Die Brombeeren mit dem Zucker und dem Brombeerlikör etwa 1 Stunde durchziehen lassen. Die Früchte auf dem lauwarmen Kuchen verteilen, mit Minzeblättern dekorieren und sofort servieren.

GEGENÜBER
Die Büste des jungen Ludwigs XIV., die durch das Werk Berninis inspiriert ist. Sie stammt aus dem Jahr 1665. Heute kann man sie im Salon Diana im Schloss von Versailles bewundern. Sie ist eines der seltenen Kunstwerke, für die der damals siebenundzwanzig Jahre alte Monarch Modell stand.

Wenn ich mich mit Sibyl d'Origny nicht über Literatur unterhalte, dann ist Kochen unser Thema. Als ich sie um einen Beitrag für dieses Buch bat, schickte sie mir eines der Lieblingsrezepte ihrer Kinder – Honigkuchen. Da auch mein Mann ein Honigkuchenfan ist, habe ich das Rezept ausprobiert – er stiebitzt davon von morgens bis abends.

Honigkuchen

Für 6 Personen

ZUBEREITUNGSZEIT – 15 Minuten
RUHEZEIT – 1 Stunde
BACKZEIT – 45 Minuten

ZUTATEN
250 g Mehl
1 TL Natron
1 TL Anis
6 EL Milch
50 g Butter
75 g Zucker
175 g Honig

Zubereitung

In einer Schüssel Mehl, Natron und Anis mischen. In die Mitte eine Vertiefung drücken. Milch, Butter, Zucker und Honig in einem Topf auf niedriger Flamme zu einer homogenen Masse verrühren. Vorsichtig zum Mehl hinzugeben und das Ganze zu einem elastischen Teig verkneten. In eine eingefettete Kuchenform geben. Etwa 1 Stunde gehen lassen, dann 45 Minuten bei 120 °C backen.
Noch warm aus der Form stürzen. Je nach Geschmack kann man auch noch Zimt, Ingwer oder geriebene Orangenschale hinzugeben.

Die Großherzigkeit und Sensibilität meines Freundes Hubert de Givenchy werde ich nie vergessen. Er war einer der bedeutendsten Modeschöpfer der Welt. Als in Vaux das von Girardon geschaffene Reiterstandbild sowie einige kleine Bronzen gestohlen worden waren, versuchte er, mich mit einem atemberaubenden Abendkleid zu trösten... Als weiteren Freundschaftsbeweis hat er mir ein Rezept anvertraut, das ihm die Comtesse Gaëlle d'Oncieu de Chaffardon weitergegeben hatte. Schnell zuzubereiten und einfach köstlich.

Der Gaumenschmeichler

Für 6 Personen

ZUBEREITUNGSZEIT – 20 Minuten
BACKZEIT – 45 Minuten

ZUTATEN
250 g Butter
250 g Bitterschokolade (70% Kakaoanteil)
250 g Zucker
4 Eier
1 EL Mehl

Zubereitung

Die Butter und die zerbröckelte Schokolade in einem Topf schmelzen, dann den Zucker hinzufügen. Das Mehl mit den Eiern verquirlen und zur Schokolade geben. Eine hohe runde Form mit Backpapier auskleiden. Die Masse hineingeben und 45 Minuten lang im Wasserbad garen. Aus der Form stürzen, abkühlen lassen und mit einer Vanillecreme servieren. Es ist besser, den Kuchen schon am Vortag zuzubereiten und ihn in den Kühlschrank zu stellen.

GEGENÜBER
Dieser Hochzeitskuchen, der mit Schokolade überzogen und mit Früchten der Saison verziert ist, wurde durch den „Gaumenschmeichler" von Hubert de Givenchy inspiriert.

Ein ganz normaler Apfelkuchen, jedoch mit einer überraschenden Geschmacksnote. Philippe Venet bereitet ihn mit Blätterteig zu, aber mit meinem Mürbeteig schmeckt er ebenso gut.

Apfelkuchen

Für 6 Personen

ZUBEREITUNGSZEIT – 15 Minuten
RUHEZEIT – 10 Minuten
BACKZEIT – 30 Minuten

ZUTATEN
3 Golden Delicious
Brauner Zucker
½ Glas Cognac
Blätterteig
½ Tasse Aprikosenmarmelade
50 g Butter

Zubereitung

Die Äpfel in dünne Scheiben schneiden, in einen tiefen Teller geben und mit braunem Zucker bestreuen. Mit Cognac übergießen und 10 Minuten ziehen lassen. Die Apfelscheiben abtropfen lassen und auf den Blätterteig setzen. Den Ofen auf 210 °C vorheizen und den Teig 30 Minuten backen. Den verbliebenen Cognac in die Aprikosenmarmelade mischen. Nach der Hälfte der Backzeit die Butter auf dem Kuchen verteilen, mit braunem Zucker bestreuen und wieder in den Ofen schieben. Am Ende der Backzeit den Kuchen mit der Marmelade bestreichen. Warm mit einer Kugel Vanilleeis servieren.

Hier ein weiteres Rezept von Philippe Venet, eine Variante zu meinem „Herzkuchen“ (*Rezept siehe Seite 102*).

Cremeherz

Für 4 Personen

ZUBEREITUNGSZEIT – 30 Minuten
RUHEZEIT – 2 Stunden

ZUTATEN
4 Eigelb
125 g Zucker
1 Ei
500 ml süße Sahne
1 kleines Glas Himbeerlikör
Himbeeren
Himbeercoulis
Eine herzförmige Kuchenform

Zubereitung

Eigelb und Zucker im Wasserbad auf kleiner Flamme zu einer klebrigen Masse schlagen. Vom Herd nehmen, das Ei hinzufügen und so lange weiterschlagen, bis die Creme abgekühlt ist. Die Sahne steif schlagen und zusammen mit dem Likör unter die Creme ziehen. In die Kuchenform gießen und 2 Stunden im Gefrierschrank ruhen lassen. Mit Himbeeren und Himbeercoulis servieren.

Einmal verbrachte meine Cousine Boulie das Wochenende in Vaux. Sie wurde von ihrer Freundin Gail Monaghan begleitet, die von meiner Buchidee ganz begeistert war. Wir tauschten unsere Lieblingsrezepte aus. Zurück in den USA entschied sich Gail, ebenfalls ein Buch zu schreiben. Eines meiner Rezepte sollte darin verewigt werden. Da sie sich an die Einzelheiten nicht mehr genau erinnern konnte, fragte sie noch einmal nach. Allerdings konnte ich mit ihren vagen Angaben und dem Begriff „Fané“ absolut nichts anfangen. Ausgehend von ihren Vorgaben habe ich improvisiert – und heraus kam ein köstliches Dessert! Aber von mir war das Rezept nicht...

Fané

Für 8–10 Personen
ZUBEREITUNGSZEIT – 45 Minuten
RUHEZEIT – 2 Stunden

ZUTATEN
1,5 l weiches Vanilleeis
Schlagsahne aus 1 l süße Sahne
450 g helles Nugat, in 15 mm große Würfel geschnitten (wenn sie zusammenkleben, in Zucker wälzen)
Kleine Baisers
Schokoraspeln

Zubereitung

Eine angefeuchtete Schüssel mit 4 l Fassungsvermögen mit Plastikfolie auskleiden, diese an den Seiten 10 cm überstehen lassen. Die Eiscreme in der Schüssel gleichmäßig verteilen, die überstehende Folie darüberdecken und in den Gefrierschrank stellen. 1–2 Stunden vor dem Servieren die Sahne steif schlagen und das Nugat untermischen. 400 g Sahne beiseite stellen, den Rest zur Eiscreme geben. Wieder abdecken und in den Gefrierschrank stellen. 15 Minuten vor dem Servieren herausnehmen und die Folie entfernen. Die beiseitegestellte Sahne darübergeben, mit Baiserstückchen garnieren und mit Schokoraspeln bestreuen. Einige Minuten warten und servieren.

GEGENÜBER
Von Mai bis Oktober erstrahlen jeden Samstag Schloss und Park bei Anbruch der Dunkelheit im Licht von zweitausend Kerzen, um die Stimmung jenes grandiosen Festes wieder erstehen zu lassen, das Nicolas Fouquet am 17. August 1661 für Ludwig XIV. gab.

Anne de Fayet ist eine fabelhafte Gastgeberin und immer für ihre Gäste da. Sie besaß in der Gegend von Le Gers ein wunderschönes Haus mit Blick auf wogende Weizenfelder, die kein Ende zu nehmen schienen. Im Schatten der Pergola nahmen wir die Mahlzeiten ein, immer auf dem typischen Geschirr aus der Region. Das weiche Licht der Gegend erinnert an Italien. In ihrer großen Küche herrscht stets geschäftiges Treiben. Einmal überraschte ich Anne dabei, wie sie einen Mürbeteig zubereitete – in einem Topf! Das Ergebnis überzeugte – der Teig war besonders leicht und luftig und bestens geeignet für Füllungen aller Art. Für mich ist sie seither die „Königin des Teigs".

Mürbeteig im Topf

Für 4 Personen

ZUBEREITUNGSZEIT – 5 Minuten
BACKZEIT – 20 Minuten

ZUTATEN
125 g Butter
250 g Mehl
1 Prise Salz

Zubereitung

Den Ofen 10 Minuten auf 210 °C vorheizen. Die Butter in einem Topf schmelzen. Unter ständigem Rühren Mehl und Salz hinzugeben. Eine Kugel formen. Dann den Teig mit den Fingern in einer Form glattdrücken, auch die Seiten der Form damit auskleiden. Den Teig mit einer Gabel einstechen. Die Temperatur auf 180 °C reduzieren und den Teig 20 Minuten goldgelb backen. Da dieser Teig nicht gezuckert ist, kann man ihn auch für salzige Tartes, Quiches oder Pasteten verwenden.

GEGENÜBER
Ein kunstvoll verzierter Fensterladen im Zimmer der Musen.

Register nach Dessertarten

Desserts mit Früchten

Desserts mit Schokolade

Tartes und Kuchen

Croissants und Gebäck

Cremes und Mousses

Crêpes und Soufflés

GEGENÜBER
Einige Toilettenutensilien und eine Perücke im Cabinet Louis XV, das von Marschall de Villars eingerichtet wurde, der 1705 Besitzer des Schlosses geworden war.

Dank

Zuallerst will ich meinem Mann danken, dessen unermüdlicher Rat mir geholfen hat, dieses Buchprojekt zu realisieren. Ein solches Buch hätte ohne die gute Zusammenarbeit mit dem Team der Éditions Flammarion nicht verwirklicht werden können, besonders mit Suzanne Isoré, mit der ich mich jetzt freundschaftlich verbunden fühle. Daher bin ich Jean de Lambertye dankbar, dass er Suzanne Isoré mit meinem Mann bekannt gemacht hat. Die Zusammenarbeit mit Alain Blottière habe ich sehr geschätzt; ihm danke ich für seine Hilfe in literarischen Dingen. Mein herzlichster Dank geht auch an meine Cousine Boulie und an alle meine Freunde. Wie schnell sie mir ihre Rezepte geschickt haben, hat mich sehr berührt. Und schließlich war dieses Buch erneut Anlass, die große Professionalität von Henri de Dampierre zu schätzen.

CRISTINA DE VOGÜÉ

Der Verlag dankt sehr herzlich Comte und Comtesse Patrice de Vogüé, dass sie in großzügiger Weise die Türen von Château Vaux-le-Vicomte geöffnet, die kulinarischen und künstlerischen Schätze zugänglich gemacht und die Realisierung dieses Buchs unter den angenehmsten Umständen ermöglicht haben.

Thomas Dhellemmes, Delphine de Montalier und Véronique Villaret danken Suzanne und Bernard, dass sie an diesem schönen Abenteuer teilhaben durften, Chae Rin, Sandrine, Aimery und Jérémy für ihre präzise Arbeit und allen Geschäften, die ihnen Zutritt gewährt haben:
Agapè: Seiten 37, 41, 42, 49, 53, 68, 79, 86, 93, 95, 107, 111, 117, 118, 119, 120, 125, 136, 138, 141, 151.
Graine de pensée: Seiten 8, 37, 38, 39.
Legeron: Seiten 55, 79.
Mokuba: Seite 42.
Nobilis: Seiten 55, 135.
Tassinari & Chatel bei Lelièvre: Seiten 125, 131.

Agapè
91, avenue Jean-Baptiste Clément
F-92100 Boulogne-Billancourt
Telefon 0033-1-47 12 04 88
www.agapedeco.com

Graine de pensée
106, rue de Ménilmontant
F-75020 Paris
Telefon 0033-1-46 36 02 86

Legeron
20, rue des Petits Champs
F-75002 Paris
Telefon 0033-1-42 96 94 89
www.legeron.com

Lelièvre
13, rue du Mail
F-75002 Paris
Telefon 0033-1-43 16 88 00
www.lelievre.eu

Mokuba
18, rue Montmartre
F-75001 Paris
Telefon 0033-1-40 13 81 41
www.mokuba.fr

Nobilis
29, rue Bonaparte
F-75006 Paris
Telefon 0033-1-43 29 21 50
www.nobilis.fr